A reflexão e a prática no ensino

1

Língua portuguesa

Blucher

A reflexão e a prática no ensino

1

Língua portuguesa

MÁRCIO ROGÉRIO DE OLIVEIRA CANO
autor e coordenador

DIELI VESARO PALMA
autora

Coleção A reflexão e a prática no ensino - Volume 1 - Língua Portuguesa

©2012 MÁRCIO ROGÉRIO DE OLIVEIRA CANO (autor e coordenador), DIELI VESARO PALMA

Editora Edgard Blücher Ltda.

Blucher

Rua Pedroso Alvarenga, 1245, 4º andar
04531-012 – São Paulo – SP – Brasil
Tel.: 55 11 3078-5366
editora@blucher.com.br
www.blucher.com.br

Segundo o Novo Acordo Ortográfico, conforme
5. ed. do *Vocabulário Ortográfico da Língua
Portuguesa*, Academia Brasileira de Letras,
março de 2009

É proibida a reprodução total ou parcial por
quaisquer meios, sem autorização escrita da
Editora.

Todos os direitos reservados pela Editora Edgard
Blücher Ltda.

Ficha catalográfica

Palma, Dieli Vesaro, Cano, Márcio Rogério de
Oliveira
Português / Dieli Vesaro Palma -- São Paulo:
Blucher, 2012. -- (Série a reflexão e a prática
no ensino; v. 1 / coordenador Márcio Rogério
de Oliveira Cano)

Bibliografia
ISBN 978-85-212-0668-2

1. Português 2. Português - Estudo e ensino
3. Prática de ensino I. Cano, Márcio Rogério de
Oliveira. II. Título. III. Série.

12-02788	CDD-469.07

Índices para catálogo sistemático:
1. Português: Estudo e ensino 469.07

Sobre os autores

MÁRCIO ROGÉRIO DE OLIVEIRA CANO

Doutor e Mestre pelo Programa de Estudos Pós-Graduados em Língua Portuguesa da Pontifícia Universidade Católica de São Paulo. Desenvolve pesquisas na área de Ensino de Língua Portuguesa e Análise do Discurso. Possui várias publicações e trabalhos apresentados na área, além de vasta experiência nos mais variados níveis de ensino. Também atua na formação de professores de Língua Portuguesa e de Leitura e produção de textos nas diversas áreas do conhecimento nas redes pública e particular.

DIELI VESARO PALMA

Pós-Doutora pela Universidade do Porto/Portugal e Doutora pela Pontifícia Universidade Católica de São Paulo. Assessora do Conselho Administrativo da PUC-SP. É Professora Associada do Departamento de Português e atua na Pós-Graduação *stricto* e *lato sensu* em Língua Portuguesa, desenvolvendo pesquisas sobre História e Descrição da Língua Portuguesa e Leitura, Escrita e Ensino da Língua Portuguesa. Tem publicados diversos livros e artigos sobre historiografia da Língua Portuguesa e ensino de língua materna.

Apresentação

A experiência é o que nos passa, o que nos acontece, o que nos toca. Não o que se passa, não o que acontece, ou o que toca. A cada dia se passam muitas coisas, porém, ao mesmo tempo, quase nada nos acontece. Dir-se-ia que tudo o que se passa está organizado para que nada nos aconteça. Walter Benjamin, em um texto célebre, já observava a pobreza de experiências que caracteriza o nosso mundo. Nunca se passaram tantas coisas, mas a experiência é cada vez mais rara.

Jorge Larrosa Bondía, 2001,
I Seminário Internacional de Educação de Campinas.

Esse trecho de uma conferência de Larrosa é emblemático dos nossos dias, da nossa sociedade do conhecimento ou da informação. Duas terminologias que se confundem muitas vezes, mas que também podem circular com conceitos bem diferentes. Vimos, muitas vezes, a sociedade do conhecimento representada como simples sociedade da informação. E não é isso que nos interessa. Em uma sociedade do conhecimento, podemos, por um lado, crer que todos vivam o conhecimento ou, por outro, que as pessoas o adquiram por meio de e como informação. Nunca tivemos tanto conhecimento e nunca tivemos tantas pessoas informadas e informando. Mas a experiência está sendo deixada de lado.

O grande arsenal tecnológico de memorização e registro em vez de tornar as experiências do indivíduo mais plenas, tem esvaziado a experiência, já que todos vivem a experiência do outro, que vive a experiência do outro, que vive a experiência do outro... Quando não tínhamos muito acesso aos registros da história, era como se vivêssemos o acontecimento sempre pela primeira vez. Hoje, parece que tudo foi vivido e está registrado em algum lugar para que possamos seguir um roteiro. Isso é paradoxal.

No entanto, não compactuamos com uma visão pessimista de que tudo está perdido ou de que haja uma previsão extremamente desanimadora para o futuro, mas que, de posse do registro e do conhecimento, podemos formar pessoas em situações de experiências cada vez mais plenas e indivíduos cada vez mais completos. E parece-nos que a escola pode ser um lugar privilegiado para isso. Uma escola dentro de uma sociedade do conhecimento não deve passar informações, isso os alunos já adquirem em vários lugares; mas viver a informação, o conhecimento como experiência única, individual e coletiva.

Tendo a experiência como um dos pilares é que essa coleção foi pensada. Como conversar com o professor fazendo-o não ter acesso apenas às informações, mas às formas de experienciar essas informações juntamente com seus alunos? A proposta deste livro é partir de uma reflexão teórica sobre temas atuais nas diversas áreas do ensino, mostrando exemplos, relatos e propondo formas de tornar isso possível em sala de aula. É nesse sentido que vai nossa contribuição. Não mais um livro teórico, não mais um livro didático, mas um livro que fique no espaço intermediário dessas experiências.

Pensando nisso como base e ponto de partida, acreditamos que tal proposta só possa acontecer no espaço do pensamento interdisciplinar e transdisciplinar. Tal exercício é muito difícil, em virtude das condições históricas em que o ensino se enraizou: um modelo racionalista disciplinar em um tempo tido como produtivo. Por isso, nas páginas desta coleção, o professor encontrará uma postura interdisciplinar, em que o tema será tratado pela perspectiva de uma área do conhecimento, mas trazendo para o seu interior pressupostos, conceitos e metodologias de outras áreas. E também encontrará perspectivas transdisciplinares, em que o tema será tratado na sua essência, o que exige ir entre, por meio e além do que a disciplina permite, entendendo a complexidade inerente aos fenômenos da vida e do pensamento.

Sabemos, antes, que um trabalho inter e transdisciplinar não é um roteiro ou um treinamento possível, mas uma postura de indivíduo. Não teremos um trabalho nessa perspectiva, se não tivermos um sujeito inter ou transdisciplinar. Por isso, acima de tudo, isso é uma experiência a ser vivida.

Nossa coleção tem como foco os professores do Ensino Fundamental do Ciclo II. São nove livros das diversas áreas que normalmente concorrem no interior do espaço escolar. Os temas tratados são aqueles, chave para o ensino, orientados pelos documentos oficiais dos parâmetros de educação e que estão presentes nas pesquisas de ponta feitas nas grandes universidades. Para compor o grupo de trabalho, convidamos professores de cursos de pós-graduação, juntamente com seus orientandos de doutorado e de mestrado e com larga experiência no ensino regular. Dessa forma, acreditamos ter finalizado um trabalho que pode ser usado como um parâmetro para que o professor leia, possa se orientar, podendo retomá-lo sempre que necessário, juntamente com outros recursos utilizados no seu dia a dia.

Márcio Rogério de Oliveira Cano
Coordenador da coleção

Prefácio

Discutir o ensino de Língua Portuguesa na sociedade contemporânea é deparar-se com uma série de questões complexas que norteiam tanto os objetivos do ensino de uma língua a quem já é falante nativo, como os próprios objetivos do ensino na modernidade. Do ponto de vista do ensino da língua, tem se discutido, entre outras questões, se ensinamos uma língua ou desenvolvemos uma competência comunicativa por meio dela, se a centralidade está no uso da língua ou no ensino de gramática e, se estiver no uso, quais são os conteúdos que devem ser priorizados. Do ponto de vista do ensino como um todo, como ensinar Língua Portuguesa no conjunto das várias áreas do conhecimento que circulam na escola e como formar um aluno que não será especialista nessa área, mas que precisa dela como meio de ação na e sobre a sociedade? É no âmbito dessas discussões que essa obra foi pensada.

Se trabalhamos com falantes nativos de determinada língua, não podemos ter como objetivo ensiná-la, tendo em vista que todos já a possuem e utilizam-na, mesmo antes de estar na escola. Partindo desse pressuposto, não ensinamos a Língua Portuguesa, mas a utilizamos como forma de desenvolver a competência comunicativa do aluno para que ele possa agir na e sobre a sociedade. Essa reflexão possibilita-nos, portanto, concluir que o nosso eixo é o do desenvolvimento de competências e habilidades que permitam ao usuário utilizar com mais consciência e clareza os textos por meio dos quais interage na e com a sociedade, nas várias práticas sociais. Dessa forma, tiramos do centro do ensino a gramática tradicional e prescritiva para podermos nos central, como conteúdo, nos gêneros textuais com os quais, de fato, as pessoas interagem no mundo e por meio dos quais os sujeitos se constituem. Tendo em vista que os conteúdos são os gêneros, a gramática, nesse âmbito, vai ocupar o espaço da constituição do estilo e da estrutura do gênero, proposta pela qual optamos neste trabalho.

Além dessa reflexão específica do ensino de Língua Portuguesa, travamos outro conflito em relação a um ensino que não cabe mais em uma dimensão disciplinar, embora a estrutura de organização dos sistemas escolares ainda o seja. É necessário pensar em um trabalho que possa formar um sujeito que aja de forma interdisciplinar no mundo. Para isso, pensamos em uma reflexão sobre a língua que não fique fechada em si, mas que possa atravessar as fronteiras da disciplina, indo buscar, nas várias áreas do conhecimento, elementos que possam, cada vez mais, potencializar o uso da Língua Portuguesa em um eixo de leitura e produção textual. Dessa forma, podemos contribuir com a formação de um indivíduo que possa agir, a partir do conhecimento desenvolvido na escola, de forma completa, e não cindido em vários olhares que não conversam entre si.

Foi para dar conta dessas reflexões que selecionamos os temas discutidos nesta obra. Não teríamos como contemplar, no espaço deste livro, todos os temas da Língua Portuguesa, por isso fizemos uma seleção de possíveis conteúdos que se trabalham na escola para, por meio deles, mostrarmos de que forma podemos propor um ensino voltado para o uso da língua, em contextos de práticas sociais, com vista a formar um aluno que possa agir de forma mais consciente, crítica e ética, sobre o mundo em um contexto de paradigma interdisciplinar. Convidamos os leitores a refletirem conosco, ampliando as discussões aqui proporcionadas a todos os outros temas desenvolvidos em suas salas de aula.

Os Autores.

Conteúdo

1. O ENSINO DA LÍNGUA PORTUGUESA NO CONTEXTO DO SÉCULO XXI 19

1.1 Os desafios da escola na sociedade da informação 20

1.2 Conceito de educação e de ensino e de aprendizagem 26

    O ensino de Língua Portuguesa no atual contexto social 32

    A formação de professores no contexto atual 36

1.3 Para finalizar 38

Sugestões de leitura 39

Referências bibliográficas 40

2. ASPECTOS DO ENSINO DA ORALIDADE E O GÊNERO DEBATE PÚBLICO 45

2.1 Questões passíveis de debate 49

2.2 Uma proposta para se debater 50

    Os papéis que compõem um debate e suas características linguísticas 50

    As marcas linguístico-discursivas dos vários papéis assumidos no debate 52

2.3 Para finalizar 57

Sugestões de leitura 58

Referências bibliográficas 59

3. A RETEXTUALIZAÇÃO: DA ENTREVISTA ORAL PARA A ESCRITA 63

3.1 A retextualização 69

3.2 Formando entrevistadores 73

3.3 Para finalizar 77

Sugestões de leitura 78

Referências bibliográficas 79

Anexo 80

4. VARIAÇÕESLINGUÍSTICA E OS DIVERSOS GÊNEROS DA ESFERA DA VIDA PÚBLICA, PROFISSIONAL E FAMILIAR.. 85

4.1 Dialetos 86

4.2 Registros e modalidades... 90

4.3 Explorando os gêneros burocráticos da escola 92

4.4 Os diversos modos de falar da escola e da comunidade: a variação dialetal 95

4.5 Para finalizar... 96

Sugestões de leitura 98

Referências bibliográficas.. 99

5. A ARTE DA ARGUMENTAÇÃO 103

5.1 Convencer ou persuadir 107

5.2 Argumentatividade e a estrutura global do gênero artigo de opinião.............. 111

5.3 O tom e o engajamento 112

5.4 Os tipos de argumentos 114

5.5 Defendendo um ponto de vista... 115

5.6 Para finalizar... 120

Sugestões de leitura 121

Referências bibliográficas.. 122

6. ANÚNCIO PUBLICITÁRIO: A COMUNICAÇÃO PERSUASIVA................................. 125

6.1 Breve percurso histórico... 126

6.2 Uma distinção necessária: publicidade e propaganda....................................... 128

6.3 O anúncio publicitário impresso... 131

6.4 Explorando o gênero anúncio na escola 142

6.5 Para finalizar... 144

Sugestões de leitura 146

Referências bibliográficas.. 147

Anexos... 148

7. O GÊNERO POEMA E A DUPLA FACE DA METÁFORA: EXPRESSÃO LINGUÍSTICA E PROCESSO COGNITIVO.. 153

7.1 Conceito de figura.. 154

7.2 A Metáfora na visão tradicional 158

7.3 A Metáfora como processo cognitivo 160

7.4 Leitura do poema... 167

7.5 A leitura como evento social: uma possibilidade de prática pedagógica 171

    Proposta de atividade 172

7.6 Para finalizar... 172

Sugestões de leitura 174

Referências bibliográficas.. 175

Anexo 178

8. INTERDISCIPLINARIDADE E O ENSINO DE LÍNGUA PORTUGUESA 181

8.1 Definindo as abordagens 185

8.2 Propondo interdisciplinaridades 186

8.3 Para finalizar... 190

Sugestões de leitura 191

1

O ensino da Língua Portuguesa no contexto do século XXI

Para iniciarmos nossa conversa, este capítulo introdutório trata do ensino de Língua Portuguesa no contexto do desenho social do século XXI, herdeiro das conquistas e tradições dos períodos anteriores. Para se entender o momento atual e, nele, o papel da escola, faz-se um rapidíssimo apanhado histórico, com vistas a articular os diferentes aspectos que levaram à configuração atual da sociedade. Com base nesse panorama, discute-se a função da escola hoje, propõe-se uma visão de educação que possa atender aos objetivos da escola no contexto atual, bem como um modelo de ensino e de aprendizagem compatível com essa meta e, finalmente, apresenta-se uma forma de se desenvolver o ensino de Língua Portuguesa na Educação Básica, levando-se em conta os Parâmetros Curriculares Nacionais e a formação dos professores.

1.1 OS DESAFIOS DA ESCOLA NA SOCIEDADE DA INFORMAÇÃO

A escola, como ensina Althusser (1970), citado por Brandão, é um dos Aparelhos Ideológicos do Estado, o que significa que ela responde, prioritariamente, pela manutenção das ideologias dominantes na sociedade em determinado momento de sua história, entendendo-se ideologia como visões de mundo (Cf. BRANDÃO, 1991) e secundariamente, pela repressão, mesmo que de forma pouco perceptível, disfarçada ou simbólica. Em decorrência desse caráter, como instituição, frequentemente, ela não se mostra receptiva a mudanças. Em contrapartida, ela é o *lócus* para a formação de crianças, jovens e adultos por meio da aquisição de conhecimentos, com vistas a torná-los preparados para a vida em sociedade, o que implica o exercício da cidadania, ou seja, assumir posições críticas diante das questões sociais. Vê-se, assim, que, como instituição, ela desempenha um papel paradoxal por ser, de um lado, responsável pela manutenção do instituído, e de outro, por ser necessária a sua abertura para o novo, sobretudo no que diz respeito à produção do conhecimento, processo contínuo e intenso no século XXI, e sua divulgação na forma de ensinamentos escolares. Portanto, para desempenhar plenamente seu papel, garantindo valores tradicionais e abrindo-se para o novo, ela necessita adequar-se às características atuais da sociedade.

> **Nota:** segundo Brandão(1991), ideologia é "uma concepção de mundo de uma determinada comunidade social numa determinada circunstância histórica"(p. 27).

Se voltarmos o olhar para o percurso histórico da humanidade, veremos que houve momentos nessa trajetória marcados por grandes transformações. Foi o que ocorreu na passagem da pré-história para a história, determinada pelo surgimento de uma tecnologia, a escrita, que se somou aos artefatos já criados e que tornou possível o registro das ações e feitos humanos, representando, portanto, uma grande conquista para o homem, já que ele poderia transmitir para a posteridade suas ideias, crenças, valores e conhecimentos, o que não era garantido pela cultura oral, além de ter sua vida facilitada pelos instrumentos já criados que funcionavam como extensão de suas mãos.

> **Nota:** Auroux (1998) considera que a invenção da escrita é a primeira revolução tecnolinguística da história humana, sendo relativamente tardia em relação ao surgimento da linguagem. Ela ocorreu no período neolítico, momento em que o homem tornou-se sedentário e que um grande número de técnicas (agricultura, domesticação de animais, cerâmica, tecelagem) se desenvolveram, libertando os humanos da forte dependência que mantinham do meio natural.

Outro grande momento ocorreu no século XVIII, considerado o auge da Revolução Intelectual, iniciada no século anterior. Nele, surgem novas ideias como novas concepções acerca das instituições políticas, sociais, econômicas e religiosas; sobre a natureza do mundo, a estrutura da sociedade, a liberdade, a propriedade, a igualdade e a tolerância. Seu movimento maior foi a Ilustração ou Iluminismo que assim é apresentado por Japiassú e Marcondes (1996, p. 137):

Movimento filosófico, também conhecido como Esclarecimento, Ilustração ou Século das Luzes, que se desenvolve particularmente na França, Alemanha e Inglaterra no séc.XVIII, caracterizando-se pela defesa da ciência e da racionalidade crítica, contra a fé, a superstição e o dogma religioso. Na verdade, o Iluminismo é muito mais do que um movimento filosófico, tendo uma dimensão literária, artística e política. No plano político, o Iluminismo defende as liberdades individuais e os direitos do cidadão contra o autoritarismo e o abuso do poder. Os iluministas consideravam que o homem poderia se emancipar através da razão e do saber, ao qual todos deveriam ter livre acesso.

São inúmeras as contribuições desse período, como a criação de bibliotecas, museus, laboratórios, observatórios e institutos científicos especializados, além do Sistema Métrico Decimal; da invenção de aparelhos, como a câmara fotográfica ou o seu aperfeiçoamento, o microscópio e o telescópio. Há, ainda, um grande estímulo ao desenvolvimento científico (Astronomia, Física, Química, Biologia e Ciências Naturais, Ciências da linguagem e nas Ciências Sociais e Filosofia), e à divulgação dos trabalhos realizados nesse campo.

Essas conquistas científicas levam a descobertas e melhoramentos mecânicos com aplicação industrial, causando a superação da indústria artesanal pela industrial. Essa passagem resulta na chamada Revolução Industrial, iniciada na Inglaterra nos anos 1770. São produtos dessa fase a mecanização da indústria têxtil (máquinas de fiar, teares, descaroçador de algodão etc.), aperfeiçoamento da máquina de costura e invenção da máquina a vapor, que deu mobilidade ao ser humano, pois ela permitiu o deslocamento, com maior rapidez, entre grandes distâncias. Como decorrência da revolução industrial, foram introduzidos, paulatinamente, utensílios que facilitaram o cotidiano das pessoas, bem como foram aprimorados aparatos tecnológicos, como a iluminação e o gás de rua, que melhoraram a qualidade de vida dos indivíduos e determinaram mudanças em seu comportamento.

O século XIX viveu intensamente essa realidade do uso da tecnologia e das máquinas, a qual foi retratada pela pena mordaz de Eça de Queirós no conto "Civilização", em que, Jacinto, a personagem principal, desfruta de todos os avanços científicos de sua época, fato que acaba tornando-o um ser entediado e que vai descobrir um sentido para a sua vida ao retornar aos hábitos saudáveis e desprovidos de luxo no campo. Essa mesma crítica, o autor português reitera em *As cidades e as serras*, mostrando como as modernidades tecnológicas eram nocivas ao homem. Por volta de 1870, lembra Sevcenko (2001), houve um grande progresso no desenvolvimento tecnológico caracterizando a Revolução Científico-Tecnológica. Ela foi uma consequência da aplicação do saber científico que possibilitou o domínio e a exploração de novos potenciais energéticos, como a aplicação da eletricidade, com as primeiras usinas hidro e termelétricas; o uso de derivados de petróleo, que originariam os motores à combustão e, posteriormente, os veículos automotores; o surgimento das indústrias químicas, dos altos-fornos, das fundições, das usinas siderúrgicas e dos primeiros materiais plásticos e o desenvolvimento de novos meios de transporte (carros, trens e aviões, entre outros) e dos meios de comunicação (telégrafo, gramofone, rádio, fotografia e cinema).

Nesse percurso, apontamos avanços relacionados ao desenvolvimento tecnológico, mas é importante destacarmos os progressos intelectuais, expressos pela produção de conhecimentos no campo da Filosofia, das Artes e das Ciências em geral, que, sem dúvida, estão na base das conquistas tecnológicas.

O século XX recebeu toda essa herança e a ela acrescentou novos elementos. Foi um dos momentos históricos em que a sociedade passou por constantes e amplas alterações, manifestadas em distintos campos. Houve profundas mudanças no desenho político mundial, agrupando as nações em dois grandes blocos: o capitalista e o comunista, com visões de mundo opostas; houve, entre outras, as duas grandes guerras, nas quais os avanços tecnológicos contribuíram para conflitos altamente destrutivos e desumanos, ceifando milhões de vidas. Contraditoriamente, a indústria bélica, fator de destruição, contribuiu grandemente para o progresso da Medicina, da Biologia, da Biomedicina, da Eletrônica, entre outras. Ela possibilitou, por exemplo, o desenvolvimento da aviação que, praticamente, no período de 100 anos, foi do aparecimento do 14 Bis – marco inicial do sonho humano de deslocar-se do chão, invenção do brasileiro Santos Dumont – aos grandes supersônicos que voam em altíssimas velocidades. Refletir sobre esses temas na escola contribui para que o estudante tenha melhor compreensão do mundo atual.

Na Medicina, não só assistimos à cura de muitas moléstias já conhecidas, como a vimos tuberculose, ao controle de outras, como a poliomielite e a luta no combate ao câncer, mas também o surgimento de novas doenças, como a Aids e as gripes de diferentes cepas que provocam grandes epidemias e causam milhares de mortes. Mas a virulência dessas enfermidades tem obrigado os cientistas de diferentes áreas da saúde a buscar soluções para tais desafios, o que tem gerado grandes saltos no campo da saúde. Aliada à tecnologia de alta precisão, por meio de pesquisas interdisciplinares, como produto da Revolução da Microeletrônica (SEVCENKO, 2001), a Medicina tem desenvolvido técnicas, instrumentos e próteses que apontam, segundo especialistas da área, promessas de prolongamento da vida humana. Discutir o que essas possibilidades representam para o ser humano é uma das funções da escola.

Nota: para o Sevcenko(2001), a Revolução da Micro eletrônica está em curso, desde o final do século XX, e causará grandes transformações, muito maiores do que as vividas nas fases anteriores, sendo, em sua opinião, necessário um olhar crítico sobre ela.

Ao longo do século XX, em relação aos meios de transporte terrestres, praticamente o homem foi da carroça aos carros sofisticados, que cada vez mais despertam o desejo dos consumidores. O desenvolvimento industrial, não só automobilístico, ocorreu de forma acelerada e sem a preocupação com suas consequências. Hoje, são visíveis, nas metrópoles, não só os grandes congestionamentos provocados pelo excesso de veículos, como também os danos por eles causados, que prejudicam o meio ambiente na forma de poluição, à qual se somam os efeitos de outras indústrias poluidoras. Em decorrência dessa situação, um dos grandes desafios do século XXI é a sustentabilidade ambiental, causa que tem mobilizado, em várias partes do Planeta, pessoas e instituições em torno da preservação da natureza. Educar a juventude para atuar nessa luta deve ser uma das metas da escola.

Em relação à tecnologia e sua relação com as mídias, ela invadiu a vida do homem no decorrer do tempo e, de forma intensa, ao longo do século XX. Primeiramente, foi o jornal, já conhecido desde o século XVII, mas que teve maior penetração domiciliar no século XX. Depois, foi o rádio que revolucionou a vida doméstica ao trazer não só a informação para dentro dos lares, mas também o apelo ao consumo. Ele foi um fator de agregação familiar durante as duas grandes guerras, pois a família, à noite, reunia-se ao seu redor para ouvir as notícias do *front* de guerra, ou, nos momentos de paz, divertir-se com programas musicais. Na sequência, veio a televisão, que, por meio da imagem, tornou a informação mais interessante para aquele que a recebia em sua casa. Da mesma forma que o rádio, ela reunia a família ao seu redor, mas, em lugar de aproximar os membros do grupo familiar, ela promoveu o seu isolamento, a ponto de hoje haver famílias nas quais cada componente tem a própria TV em seu quarto, não havendo momentos de encontro entre os familiares. Assim, podemos dizer que a televisão, de certa forma, contribuiu para a desagregação familiar. A próxima novidade foi o computador, inicialmente acessível a poucos, mas que rapidamente foi se popularizando e tornando-se uma ferramenta indispensável no trabalho e na escola, sobretudo com as máquinas portáteis, como os laptops e os notebooks. Cada vez mais se torna comum nas salas de aula, principalmente na universidade, a presença de estudantes com computadores portáteis. Logo, a escola deve reconhecer essa nova realidade e adaptar-se ao perfil atual dos estudantes.

No contexto da Revolução da Microeletrônica, a Internet passou a integrar o cotidiano dos cidadãos, a partir dos anos 1990, em um mundo já globalizado. Aliada ao computador, ela abriu um mundo novo para a sociedade, não só em termos de acesso à informação em proporções nunca antes imaginadas, superando, com grande vantagem, a descoberta da imprensa, no século XV no que se refere à difusão, mas também na prestação de serviços de diversas naturezas. Ela se tornou presente na vida humana de tal forma, que já são frequentes os casos de pessoas que não mais saem de casa, pois fazem tudo por via eletrônica, pagamentos, compras, o contato com suas amizades e, inclusive, o seu trabalho. O excesso de apego à Internet já se caracteriza como um vício, que gera comprometimentos no comportamento social dos usuários, a ponto de ser considerado uma doença, que ataca jovens e adultos, a ser tratada por médico especialista. Quanto a esse problema, cabe à escola mostrar as vantagens e desvantagens da Internet, bem como os riscos que representa, sobretudo, nas chamadas amizades virtuais. Como o número de informações que circula na rede é muito grande, preparar o estudante para separar a boa da má informação, bem como para fazer leituras críticas de seu conteúdo, é também uma tarefa da escola.

Outro aspecto decorrente da Revolução da Microeletrônica é a convergência digital. Segundo Koo (2006, p. 21), ela

> *uniu os sistemas de comunicação de TV, telefonia de voz e de dados, integrou os aparelhos de telefone, computador, TV e aparelhos de som, modificou o modelo de negócio das empresas de telecomunicação, empresas de mídia, de entretenimento e informática. Essa mudança aconteceu rapidamente, imperceptível sob certa ótica (os usuários "tradicionais" continuam usando as tecnologias separadamente, portanto para eles não houve mudança), porém radicalmente sob outra perspectiva (para a geração videogame e iPod) é até violenta e truculenta no mundo dos negócios com disputas judiciais e políticas.*

Internet: conjunto de redes que interliga todos os computadores do mundo – por meio de um processo da informática, o TCP/IP (Protocolo de Controle de Transferência/Protocolo Internet) – que entendem essa linguagem e são capazes de trocar informações e de transferir todo tipo de dados. Sua organização é como uma teia, ou seja, o usuário, quando pretende se conectar com qualquer parte do mundo, conecta-se a um computador ligado à Internet em sua cidade. Este, por sua vez, está conectado a uma máquina em outra cidade ou país e assim por diante, percorrendo um caminho até chegar ao destino final.

Nota: a sociedade em que se aliam as tecnologias e as informações é conhecida como sociedade do conhecimento. Essa é a realidade da sociedade atual.

Certamente, o alunado da Educação Básica brasileira, atualmente, faz parte das gerações aqui citadas e outras mais como a geração Y, ou do Milênio, e a Z. Convive com a tecnologia, em maior ou menor grau em função de seu perfil socioeconômico, mas não se intimida diante dela. Por essa razão, seu acesso à informação, também em proporção ao seu *status* social, hoje, ocorre com grande frequência fora dos muros da escola, sempre em contato com múltiplas linguagens. Esse é outro desafio com o qual a escola se defronta, pois ela ainda prioriza a linguagem verbal oral ou escrita, o que representa uma dificuldade para os jovens, levando-os ao desinteresse pelo conhecimento escolar, que, muitas vezes, está desatualizado quando confrontado com as informações obtidas fora do âmbito escolar.

Como dissemos, a Internet trouxe alterações no mundo do trabalho, que, hoje, fundamenta-se no conceito de "deslocalização"(PINTO, 2002, p. 46). Esse autor afirma que

> *de facto, deixam de existir locais para existirem espaços, como se disse, espaços específicos de dimensões diversificadas que podem atingir a escala planetária, mas de convergência mais estrita, onde as relações comerciais e financeiras se jogam.*

Ele considera que esse espaço não é físico, mas organizativo. A deslocalização está presente, por exemplo, nos serviços bancários, quando o cliente, necessariamente, não tem de ir ao Banco para pagar as suas contas, mas faz isso por via eletrônica, de qualquer lugar. Diz ainda Pinto que o conceito de trabalho é mutante e, por essa razão, o profissional deve estar preparado "para aprender na sua profissão, ou para aprender outra profissão" (p.47). Daí ser a atualização profissional constante um imperativo da sociedade da informação, diríamos do conhecimento, sob risco de afastamento do mundo do trabalho. Finalmente, para os jovens, na sociedade tecnológica, haverá a possibilidade de atuações ainda não existentes, ou seja, novas formas de emprego, mas sempre com um caráter específico.

Logo, para a escola, preparar para o mundo do trabalho significa formar pessoas abertas a novos conhecimentos e capazes de vencer novos desafios.

Portanto, a escola não deve ficar alheia a esse contexto social, mas deve, sim, trazê-lo para dentro de seus muros, a fim de tornar o processo educativo capaz não só de atender às necessidades contemporâneas, mas também de preparar o estudante a futura-

---

Geração Y: também chamada geração do milênio, ou geração Internet, é formada por jovens nascidos entre meados de 1970 e meados dos anos 1990. Caracterizam-se por realizar múltiplas tarefas, utilizam aparelhos de alta tecnologia de última geração e estão voltados paras as questões ambientais.

Geração Z: geração nascida após 1995, que também é multitarefa, pois os seus representantes, ao mesmo tempo, acessam a Internet, ouvem música, falam ao telefone e assistem à TV. Vivem conectados, são muito informados, têm forte senso crítico e são egocêntricos.

mente agir sobre essa realidade, transformando-a. Por conseguinte, ela deve, em lugar de meramente transmitir conhecimentos, despertar nas crianças o gosto pela busca de novas informações para a construção de novos saberes. Ela deve, pois, abdicar do transmitir para priorizar o construir, atribuindo ao aluno a sua parte de responsabilidade nessa construção.

Ao apresentar características da sociedade atual, objetivamos criar o pano de fundo sobre o qual a educação deve atuar e, consequentemente, como a escola, uma das instâncias educativas, e, em específico, o professor de Língua Portuguesa, podem colaborar na formação de cidadãos participantes e críticos.

1.2 CONCEITO DE EDUCAÇÃO E DE ENSINO E DE APRENDI-ZAGEM

Na Pedagogia, tradicionalmente, estabeleceu-se a distinção entre educação e instrução. A primeira, que, segundo Bueno (1974), etimologicamente, está ligada ao verbo *educare*, do tema de *educĕre*, com o significado de conduzir, levar a um determinado fim, significa "desenvolvimento, aperfeiçoamento das faculdades intelectuais e morais do indivíduo" (p. 1948). A segunda, do latim, *instructionem*, também para Bueno, é "a acção de ministrar conhecimento a alguém". Logo, ela restringe-se ao desenvolvimento intelectual, sem considerar o aspecto moral. Portanto, a educação é mais abrangente, englobando, necessariamente, a instrução.

No Brasil, atualmente, o que deve ser a educação já está previsto na Constituição, que, em seu artigo 205, do Capítulo III, seção I, propõe:

> *A educação, direito de todos e dever do Estado e da família, será promovida e incentivada com a colaboração da sociedade, visando ao pleno desenvolvimento da pessoa, seu preparo para o exercício da cidadania e sua qualificação para o trabalho (p.94).*

Acrescenta ainda, no art. 206, que o ensino será ministrado com base em vários princípios, dos quais destacamos: "liberdade de aprender, ensinar, pesquisar e divulgar o pensamento, a arte e o saber", pluralismo de ideias e de concepções pedagógicas [...] e "garantia de padrão de qualidade".

Vê-se, assim, que a Constituição prevê a educação como caminho para o desenvolvimento integral do indivíduo, preparando-o

Capítulo 1   O ensino da Língua Portuguesa no contexto do século XXI   **27**

para a atuação profissional e o exercício da cidadania, indo ao encontro, portanto, do sentido etimológico do educar.

A Lei de Diretrizes e Bases da Educação Brasileira (LDB), por sua vez, em seu Artigo 1º do Título I, reza que:

> *A educação abrange os processos formativos que se desenvolvem na vida familiar, na convivência humana, no trabalho, nas instituições de ensino e pesquisa, nos movimentos sociais e organizações da sociedade civil e nas manifestações culturais.*
>
> *§ 1º Esta Lei disciplina a educação escolar, que se desenvolve, predominantemente, por meio do ensino, em instituições próprias.*
>
> *§ 2º A educação deverá vincular-se ao mundo do trabalho e à prática social. (NISKIER, 1997, p. 29)*

Em síntese, destacamos que a concepção de educação já está prevista tanto na Constituição quanto na LDB, estando, portanto, claramente apontado, para as instituições de ensino, qual deva ser o caminho a ser trilhado. Logo, educar implica a formação holística do indivíduo, desenvolvendo suas capacidades intelectuais para sua integração plena na sociedade do conhecimento, a qual engloba informação e tecnologia, aprendendo a conviver com a diversidade e a multiculturalidade, respeitando o outro e sendo criativo na solução de problemas. Aqui, cabem as orientações da *Carta de Transdisciplinaridade*, que, embora direcionadas ao ensino universitário, também são aplicáveis à escola básica.

Essas orientações, baseadas no *Relatório Delors*, elaborado pela Comissão Internacional Sobre Educação para o Século XXI, indicam quatro pilares que devem sustentar uma nova forma de educação: *aprender a conhecer, aprender a fazer, aprender a viver junto e aprender a ser*. O primeiro pressupõe o domínio de métodos que auxiliem na distinção do real e do ilusório, para, assim, o estudante ter condições de entrar em contato com os conhecimentos atuais. Implica também ser capaz de relacionar diferentes saberes entre eles e o seu significado no cotidiano social, e entre eles (saberes) e seus significados e as capacidades humanas interiores.

O *aprender a fazer* está relacionado à aquisição de uma profissão e aos conhecimentos e práticas inerentes a ela. Essa busca da profissionalização pressupõe a especialização, aspecto que se articula com o que já destacamos ao tratar do mundo do trabalho. Sobre esse pilar, a Carta destaca a importância da criatividade, logo, a criação do novo, e da exteriorização das potencialidades criativas no fazer, elementos fundamentais para que, no futuro, o profissional não permita que o tédio invada sua atuação no mundo do trabalho.

O *aprender a viver junto* relaciona-se ao respeito às normas que regulamentam a convivência em grupo, que devem ser verdadeiramente compreendidas, admitidas interiormente por cada ser e não sofridas como imposições exteriores. "Viver junto" não quer dizer simplesmente tolerar o outro com suas diferenças de opinião, de cor de pele e de crenças: submeter-se às exigências dos poderosos: navegar entre os meandros de incontáveis conflitos: separar definitivamente a vida interior da exterior: fingir escutar o outro embora permanecendo convencido da justeza absoluta das próprias posições: assim "viver junto" transforma-se inevitavelmente em seu contrário: lutar uns contra os outros" (p.7).

Portanto, o *aprender a viver junto* leva em conta o aprendizado da condescendência, da convivência com as diferenças de toda espécie, bem como o respeito pelas escolhas do outro, quaisquer que elas sejam, enfim da tolerância. Consideramos que esse pilar deixa bem clara a diferença entre educar e instruir, pois ele aponta para a necessidade do ensino de valores na escola, bem como a desconstrução do preconceito, seja ele de que natureza for, aliado, sem dúvida, ao desenvolvimento de conhecimentos.

Finalmente, o *aprender a ser* está ligado à formação completa do indivíduo, considerando seus valores, suas crenças e suas incertezas. Esse pilar é visto como o fundamento do ser e leva em conta que:

> *Para fundamentar o ser é preciso antes escavar as nossas incertezas, as nossas crenças, os nossos condicionamentos. Questionar sempre. O espírito científico também é para nós um precioso guia. Isso é aprendido tanto pelos educadores como pelos educandos (p.7).*

Essa Carta não só explicita uma visão de educação, como também traz orientações sobre o processo de ensino e de aprendizagem. O documento propõe a transdisciplinaridade como opção pedagógica para a escola realizar a educação pretendida. Vemos ser essa a meta final, mas, para chegarmos até ela, há etapas a serem percorridas.

Assim, um primeiro passo é a escola abandonar a pedagogia tradicional, que cumpriu seu papel em determinado momento histórico, e buscar novos caminhos. Ela deve, portanto, abrir mão de uma "visão bancária" da educação (FREIRE, 1970), pela qual a cabeça do estudante, como uma *tabula rasa*, deveria ser preenchida de ensinamentos, que lá ficariam arquivados, estando a responsabilidade desse fazer nas mãos do professor, detentor do conhecimento, e sendo o alunos passivo nesse processo.

Portanto, a instituição escolar deve buscar novas possibilidades. Em seu artigo "Em Torno de Algumas Questões Educacionais", Donato (2011) destaca a Teoria Crítica, como uma perspectiva inovadora. Esse autor mostra

> *que ela busca resgatar os aspectos positivos das teorias firmadas no cotidiano escolar (teorias não críticas), articulando-os na direção de uma transformação social. Assim, resgata-se da Pedagogia Tradicional a importância da dimensão do saber; da Escola Nova, a dimensão do saber ser, e da Pedagogia Tecnicista, a dimensão do saber fazer (p.5).*

No Brasil, Paulo Freire, Dermeval Saviani, José Carlos Libâneo e Moacir Gadotti representam essa tendência pedagógica, que, segundo a autora, fundamenta-se nos seguintes princípios:

- o caráter do processo educativo essencialmente reflexivo, implica constante ato de desvelamento da realidade. Funda-se na criatividade, estimula a reflexão e ação dos alunos sobre a realidade;

- a relação professor/aluno é democrática, baseada no diálogo. Ao professor cabe o exercício da autoridade competente. A teoria dialógica da ação afirma a autoridade e a liberdade. Não há liberdade sem autoridade;

- o ensino parte das percepções e experiências do aluno, considerando-o como sujeito situado em um determinado contexto social;

- a educação deve buscar ampliar a capacidade do aluno, considerando-o como sujeito situado em um determinado contexto social;

- a educação deve buscar ampliar a capacidade do aluno para detectar problemas reais e propor-lhes soluções originais e criativas. Objetiva, também, desenvolver a capacidade do aluno de fazer perguntas relevantes em qualquer situação e desenvolver habilidades intelectuais, como a observação, análise, avaliação, compreensão e generalização. Para tanto, estimula a curiosidade e a atitude investigadora do aluno;

- o conteúdo parte da situação presente, concreta. Valoriza-se o ensino competente e crítico de conteúdos como meio para instrumentalizar os alunos para uma prática transformadora (p.5).

Justificamos a escolha dessa tendência pedagógica, por entender que ela tem condições de viabilizar a educação que defendemos. Essa opção significa mudanças radicais, do ponto de vista metodológico, pois só assim professor e estudantes terão seus papéis redefinidos em sala de aula. Para essa redefinição, é essencial a escolha de métodos ativos, como o ensino por Projetos, as Sequências Didáticas ou o Método de Solução de Problemas ou, ainda, técnicas como o Pensar Alto em Grupo. Os três primeiros podem ser realizados disciplinarmente, mas para uma efetiva mudança a escola deve buscar a interdisciplinaridade, para futuramente chegar à transdisciplinaridade. Destacamos que, nesta obra, demos ênfase às Sequências Didáticas e ao Pensar Alto em Grupo.

A seguir, apresentamos a sequência didática, com base em Dolz, Noverraz e Schneuwly (2004). Esse parâmetro de sequência didática será retomado nos próximos capítulos como forma de exemplificar na prática, as reflexões teóricas que fazemos. Eles a conceituam como "um conjunto de atividades escolares organizadas, de maneira sistemática, em torno de um gênero textual oral ou escrito" (p.97), cuja realização pressupõe um planejamento cuidadoso, no qual cada etapa prevista deve ser rigorosamente observada. Esse recurso metodológico prevê as seguintes etapas:

- **apresentação inicial,** que consiste na descrição detalhada da tarefa de expressão oral ou escrita, no gênero a ser trabalhado, que será realizada pelos estudantes. Essa será a **primeira produção,** que servirá ao professor como diagnóstico tanto das dificuldades dos estudantes quanto de seus conhecimentos, dando a oportunidade ao docente de aprimorar sua proposta de trabalho; para o aluno, ela indica as capacidades que ele deve desenvolver sobre o gênero em foco para melhor dominá-lo**;**

- **módulos,** que se caracterizam como um conjunto de atividades, fundamentadas nos problemas evidenciados na primeira produção, centradas nas particularidades do gênero sob estudo e sistematicamente trabalhadas;

Interdisciplinaridade: prática que visa à abordagem de problemas pela qual se confrontam perspectivas de especialistas de diferentes áreas na busca de solução de um problema concreto.

Nota: os autores da Carta afirmam que, "como é indicado pelo prefixo 'trans', a transdisciplinaridade diz respeito ao que está, ao mesmo tempo, entre as disciplinas e além de todas as disciplinas. Seu objetivo é a compreensão do mundo presente, e um dos imperativos para isso é a unidade do conhecimento" (p. 15). Eles afirmam ainda que ela é "um caminho de autotransformação orientado para o conhecimento de si, para a unidade do conhecimento e para a criação de uma nova arte de viver" (p. 16).

Capítulo 1 · O ensino da Língua Portuguesa no contexto do século XXI · 31

- **produção final,** que se traduz na elaboração de uma atividade na qual o estudante aplicará os conhecimentos adquiridos nos diferentes módulos.

As sequências didáticas, na visão dos autores, devem ir do complexo para o simples, uma vez que, em cada módulo, será abordado um aspecto específico do gênero estudado. Os autores propõem ainda que, na avaliação, na primeira produção e nos módulos, as atividades sejam objeto de observação, de análise, na forma de discussão, em classe, sobre o desempenho oral de um aluno; troca de textos escritos entre os alunos da classe; reescuta da gravação dos alunos que produziram o texto oral etc. Os pontos fortes e fracos são evidenciados; as técnicas de escrita ou de fala são discutidas e avaliadas; são buscadas soluções para os problemas que aparecem (p. 103).

A produção final deverá ter um caráter somativo. Portanto, nessa tarefa, o estudante deve encontrar, claramente explicitados, os pontos trabalhados nos módulos que integraram a sequência. Os autores enfatizam que ela deva ser realizada apenas na última avaliação.

O pensar alto em grupo, atualmente, é utilizado como um recurso pedagógico, mas, em sua origem, foi uma técnica de coleta de dados em pesquisas científicas qualitativas sobre leitura (ZANOTTO E PALMA, 2008). Ao ser aplicado em investigações sobre o ensino de leitura em sala de aula, transformou-se em uma prática pedagógica, que tem propiciado aos professores que a utilizam refletir sobre sua atuação em atividades de leitura. Seu objetivo é transformar a aula de leitura em um evento social, no qual o ato de ler é compartilhado pelos estudantes e pelo professor, que assume o papel de mediador na negociação dos sentidos que são construídos coletivamente. Essa técnica possibilita a construção de múltiplas leituras, abre espaço para outras vozes, além da do professor, que não é mais autoridade legitimada na construção dos sentidos de textos, sobretudo, quando eles são poéticos e a indeterminação está presente em alto grau. O detalhamento desse recurso está no capítulo "Gênero do poema e a dupla face da metáfora: expressão linguística e processo cognitivo".

Em face de todos os pontos destacados, colocamos a questão: O que é ensinar Língua Portuguesa no contexto apresentado e com base nas concepções de educação e de processo de ensino e aprendizagem propostos?

O Ensino De Língua Portuguesa no Atual Contexto Social

Atualmente, o ensino de Língua Portuguesa é desenvolvido com base nos Parâmetros Curriculares Nacionais (PCNs), que apresentam diretrizes gerais para o desenvolvimento de conteúdos no Ensino Fundamental e Médio. Eles propõem possibilidades de trabalho com a língua materna, os saberes a serem ensinados, que, fundamentados no saber científico, transformam-se em saberes ensinados. Os Parâmetros visam a formar usuários competentes e críticos no uso da língua e no conhecimento da linguagem.

O objetivo desta seção é responder à questão apresentada aqui. Assim, apresentamos posições que acreditamos possam trazer contribuições para mudar a forma de se trabalhar a língua em sala de aula.

A primeira delas diz respeito ao objetivo do ensino de Língua Portuguesa para falantes nativos, que, em tese, já a dominam, principalmente na sua manifestação oral. Consideramos que o objetivo desse ensino é tornar o falante competente no uso da língua em face da diversidade de situações comunicativas, quer orais, quer escritas. Para alcançá-lo, pensamos ser essencial o desenvolvimento da competência comunicativa, aspecto já apontado por Bechara, 1985 e Travaglia, 2003, objetivando formar o "poliglota na própria língua" para o primeiro e o usuário capaz de utilizar a diversidade de recursos de que a língua dispõe, para o segundo, mas, para ambos, significando investir na *educação linguística* dos estudantes.

Encontramos argumentos para reforçar nossa posição em Lomas (2003), que também defende ser o desenvolvimento da competência comunicativa necessário para a formação do usuário competente. Ele a vê como expressão de capacidades do indivíduo, sendo multifacetada e englobando várias outras competências, como:

- a competência linguística e textual, considerada uma capacidade inata, que se traduz no conhecimento do código de uma língua;

- a competência sociolinguística, vista como a capacidade de adequação ao contexto comunicativo, relacionando-se, portanto, ao uso adequado da língua;

- a competência estratégica, que expressa a capacidade para regular a interação, buscando, assim, a eficácia comunicativa;

- a competência textual ou discursiva, que se relaciona à capaci-

---

Saberes científicos: são aqueles produzidos nas universidades ou em institutos de pesquisa. São o fundamento do saber a ser ensinado, que emana da legislação. Assim, o conceito de coesão textual, por exemplo, é um saber a ser ensinado, previsto nos PCNs. O professor, com base no conhecimento científico que domina sobre esse tema, por meio da transposição didática, transforma-o em um conhecimento a ser ensinado.

As atividades propostas no processo de ensino e aprendizagem, registradas no diário do professor e em suas anotações de aula, são o saber efetivamente ensinado. Sobre esse assunto consultar Palma et al., 2008.

dade de produção e compreensão de diversos tipos de textos;

- a competência semiológica que manifesta conhecimentos e atitudes na análise dos usos e forma verbais e não verbais dos meios de comunicação e da publicidade;

- a competência discursiva que aponta para a capacidade de produção e compreensão de textos literários.

Apesar de endossar a proposta de Lomas, gostaríamos de destacar dois aspectos: o primeiro em relação à competência textual ou discursiva; não consideramos que elas sejam excludentes ou que sejam idênticas, mas que formam um conjunto que responde pela produção de textos que materializam gêneros. Também não concordamos que a competência semiológica restrinja-se à análise de usos, pois acreditamos que o usuário, se preparado, pode produzir textos em que essa competência seja fundamental, tal como a sequência didática proposta no capítulo sobre o anúncio publicitário. Portanto, vemos que esse primeiro ponto atende o proposto nos PCNs que é o desenvolvimento de competências.

O segundo aspecto que destacamos é que o desenvolvimento da competência comunicativa está intrinsecamente ligado a uma base teórica para o trabalho com a língua fundamentado na Linguística do Discurso, como a Linguística Textual, a Análise do Discurso, a Linguística Funcional, a Linguística Cognitiva, as Pragmáticas, entre outras. Esse recorte teórico justifica-se pelo fato de o ensino focalizar a língua em uso, manifestada em gêneros de circulação social efetiva e concretizados em textos adequados às situações comunicativas. Nos capítulos deste livro, o leitor encontrará essa posição claramente posta. Também esse segundo ponto atende ao solicitado nos PCNs, que é o foco na língua em uso em diferentes contextos sociais.

Em decorrência desse segundo ponto, assumimos que a **linguagem** é entendida como interação entre sujeitos em sociedade, que agem e interagem por meio dela, produzindo sentidos em função do contexto sócio-histórico-ideológico. Nesse sentido, Neder (apud TRAVAGLIA ,1996, p. 23) mostra-nos que:

> *A verdadeira substância da linguagem não é constituída por um sistema abstrato de formas linguísticas, nem pela enunciação monológica isolada, nem pelo ato psicofisiológico de sua produção, mas pelo fenômeno social da interação verbal, realizada pela enunciação ou pelas enunciações (cf.*

nota 2). A interação verbal constitui, assim, a realidade fundamental da linguagem.

A **língua,** por sua vez, também é vista como interação, o que leva Oliveira (2010) a concebê-la como um "meio de interação sociocultural" (p.34). O autor destaca que interação envolve elementos como sujeito falante e ouvinte, escritor e leitor, suas especificidades culturais e o contexto da produção e recepção de textos. Logo, conceber-se língua dessa forma é considerá-la em uso e em contextos reais de comunicação. Para o ensino de língua materna, é fundamental o trabalho com a realidade para, assim, formar usuários competentes que sejam poliglotas em sua própria língua, já que serão capazes de utilizá-la em diferentes situações comunicativas e de forma adequada. Assim os conceitos de língua e linguagem estão em acordo com o previsto nas orientações oficiais.

Atualmente, com fundamento nas linhas teóricas apontadas aqui, sabemos que, no uso da língua, seus usuários não trocam informações com seus interlocutores por frases isoladas, mas, sim, por meio de textos, os quais são manifestações de **gêneros textuais**. Nessa medida, assumimos que o ensino de língua deve ser alicerçado em diferentes gêneros, expressos em diferentes contextos, para, assim, concretizar o aprimoramento da competência comunicativa dos estudantes. Por essa razão, escolhemos uma concepção de gênero que julgamos compatível com a visão de linguagem e de língua que endossamos.

É por esse motivo que nos apoiamos em Marcuschi (2002, 2008). Em sua primeira consideração, o autor afirma que "os gêneros textuais se constituem como ações socio discursivas para agir sobre o mundo e dizer o mundo, constituindo-o de algum modo" (p. 22). Na segunda, amplia essa caracterização ao considerar que eles são os textos do cotidiano, com particularidades específicas, como "padrões sociocomunicativos característicos definidos por composições funcionais, objetivos enunciativos e estilos concretamente realizados na integração de forças históricas, institucionais e técnicas" (p. 155). Portanto, são entidades empíricas presentes em situações comunicativas, designadas de forma diversa, que formam inventários abertos.

O **tipo textual**, por sua vez, é uma construção teórica, que se define pela natureza linguística de sua composição. Constituem sequências linguísticas, e não textos materializados, que englobam algumas categorias como narração, argumentação, exposição, descrição e injunção. É o predomínio dessas categorias em um texto que possibilita a sua definição como narrativo ou argumentativo, por exemplo.

Destacamos que, em sua classificação, fundamentamo-nos em Marcuschi (2002) e Adam (1992) por haver pequenas divergências na proposta desses autores, como em relação à sequência expositiva, apresentada pelo autor brasileiro, com base em Werlich (1973), e a sequência explicativa, considerada pelo autor francês. Mais uma vez, constatamos que a linha teórica escolhida para a fundamentação de nossa proposta coaduna-se com as orientações dos PCNs.

O detalhamento dessas sequências está nos capítulos "Anúncio publicitário: a comunicação persuasiva, "A dupla face da metáfora: expressão linguística e processo cognitivo"e, mais precisamente, o argumentativo nos capítulos "A arte da argumentação" e "Ensino, oralidade e debate público".

Outro aspecto que julgamos relevante para o ensino da língua materna é a presença da variação linguística. Para o desenvolvimento de conhecimentos linguísticos em sala de aula, o ponto de partida deve ser o saber que o estudante já domina, o que, em termos linguísticos, significa o domínio de sua variante de origem, que, muitas vezes, pode ser o de uma norma não prestigiada. Por meio da análise linguística de diferentes textos, expressão de gêneros diversos, o professor pode levar o estudante à reflexão sobre as diferenças linguísticas existentes nesses textos empregados em situações comunicativas distintas, apontando as diferenças entre a norma culta e as demais normas, bem como destacando a importância do conhecimento delas e de seu uso adequado em função da diversidade de situações comunicativas. Logo, o professor deve explicitar, para o estudante, que dominar a norma culta é fundamental para ele, pois haverá momentos em que ele necessitará usá--la na vida em sociedade, sobretudo nas situações comunicativas formais, conforme está demonstrado em "Variações linguísticas e os diversos gêneros públicos e familiares", assim como no capítulo "A retextualização: da entrevista oral para a escrita".

Palma, Turazza e Nogueira Junior (2008) propuseram, com base em Figueiredo (2004), o ensino de língua organizado em pedagogias, como forma de se estruturar a prática pedagógica. Elas devem ser concebidas, segundo a autora, como atos de construção da prática pedagógica sempre renovada. Elas estão assim distribuídas:

1. a pedagogia do oral: trata do ensino de gêneros orais, formais e informais, em diferentes contextos sociais, de forma sistemática, com base no conhecimento científico produzido nessa área. Convém destacar que ela não se restringe a atividades de dramatização ou de jograis;

2. a pedagogia da leitura: tem por objetivo formar o leitor proficiente, sendo a função da leitura ampliar os conhecimentos prévios dos estudantes e, em decorrência, seus modelos de representação de mundo, fundamentada na concepção de leitura como "arte da interpretação" (TURAZZA E PALMA, 2007);

3. a pedagogia da escrita: visa a que o estudante compreenda a produção escrita com suas especificidades e particularidades, como uma atividade conscientemente planejada, que engloba fases como a pré-escritura, a escritura, a revisão continuada e a reescrita. Além disso, ela deve prever propostas de produção textual em função de diferentes situações comunicativas, o que implica a adequação da linguagem não só ao gênero escolhido, mas também ao contexto de produção;

4. a pedagogia léxico-gramatical: apresenta como característica básica a transversalidade em relação às demais pedagogias. Considera-se que o conhecimento sobre o funcionamento da língua e o domínio do repertório lexical são instrumentos necessários tanto no uso oral da língua, quanto nas produções escritas, seja no momento de sua compreensão, seja no de sua produção.

Para atuar da forma como aqui propomos, é fundamental repensar-se a formação dos professores, aspecto que discutimos a seguir.

A Formação De Professores No Contexto Atual

Como foi dito, o ensino em geral, aí incluso o de língua materna, deve ocorrer interdisciplinarmente. Essa interdisciplinaridade pode ocorrer entre profissionais de diferentes áreas, ou na escola, entre professores dos diversos componentes curriculares. Essa é uma das possibilidades da interdisciplinaridade na escola. A segunda é aquela que o professor realiza em si, ao dominar conhecimentos de diferentes campos do saber necessários para a sua atuação em sala de aula. Ela tem estreita relação com as competências articuladas em torno da competência linguística. Assim, essa competência exige o conhecimento de teorias linguísticas distintas

Capítulo 1 O ensino da Língua Portuguesa no contexto do século XXI

para uma análise gramatical crítica; a competência semiológica pressupõe o domínio de conhecimentos da Semiótica, por exemplo, para a análise das linguagens não verbais; a competência sociolinguística solicita do professor conhecimentos de Sociolinguística para trabalhar o uso adequado da língua, a estratégica necessita de informações das Pragmáticas para discutir o uso eficiente da comunicação e a literária demanda conhecimentos de Teoria Literária ou de História da Literatura para analisar textos literários com seus alunos ou para orientá-los na produção desses textos.

Portanto, essa diversidade de saberes, nem sempre adquiridos na formação inicial, deve ser buscada ou por meio da pesquisa individual, realizada para solucionar problemas originados da prática em sala de aula, ou ela deve ser obtida em programas específicos de formação continuada, que, frequentemente, também enfatizam a importância da pesquisa. É pela relevância e pela presença da busca do saber na vida dos docentes que trazemos a figura do professor pesquisador, que deve seguir o "método da investigação-em-acção" (Figueiredo, 2004, p. 8). A autora afirma que "é de uma importância capital para o sucesso no domínio do ensino e da aprendizagem em língua materna porque induz a produção de instruções para a aula, activam-se momentos de reflexão e constroem-se instrumentos modelizadores da actividade pedagógico-didáctica" (p.8).

Para esse modelo de pesquisa, Figueiredo propõe três fases:

- a fase de problematização, centrada na reflexão em relação a dois aspectos: sobre a legislação educacional e sobre os referenciais teóricos;

- a fase de reflexão e síntese, na qual são pensadas as propostas de transposição didática, a diferenciação das intervenções pedagógico-didáticas por níveis de ensino e o trabalho de criação e de adaptação de materiais;

- a fase de previsão prática, em que é feito o desenho de sequências didáticas com diferentes módulos, a definição de objetivos das aulas e da unidade didática e a definição de técnicas e elementos de avaliação.

Tendo como referência esse modelo, o professor, mesmo com o uso do livro didático, poderá planejar suas propostas de ensino com maior precisão e, na sua aplicação, sempre haverá a possibilidade de adequações, o que resultará em uma melhor organização do fazer docente, que certamente o tornará mais eficiente. Ao adotar a investigação-em-ação, o professor promoverá o duplo

Transposição didática: relaciona-se à seleção dos conteúdos que serão focalizados na escola e que estão propostos na legislação educacional. Esses conteúdos têm sua origem nos saberes científicos e caracterizarão o saber escolar, após passar por transformações. Chevallard (1991, p. 39, apud PAIS, 2002) assim define a transposição didática: "Um conteúdo do conhecimento, tendo sido designado como saber a ensinar sofre então um conjunto de transformações adaptativas que vão torná-lo apto a tomar lugar entre os "objetos de ensino". O "trabalho", que de um objeto de saber a ensinar faz um objeto de ensino, é chamado de transposição didática" (p. 16).

deslocamento de papéis sobre os quais já fizemos referência: o do aluno que passa a ser aprendente, por ser ativo no processo de ensino e de aprendizagem e o do professor que deixa de ser o centro das atividades e ocupa o papel de orientador e mediador na relação pedagógica.

1.3 PARA FINALIZAR

Neste capítulo, destacamos a importância de se entender o contexto atual por um viés histórico, assim como as questões complexas ligadas ao ensino em uma sociedade do conhecimento. Mostramos que, dessa maneira, é possível entender e pensar sobre novas pesquisas e orientações metodológicas para o ensino de Língua Portuguesa. Por isso, as ideias apresentadas orientaram a elaboração do livro e a validade delas depende da contribuição dos leitores. Contamos com vocês, nossos futuros interlocutores.

SUGESTÕES DE LEITURA

DOLZ, Joaquim; NOVERRAZ, Michèle; SCHNEUWLY, Bernard. Sequências didáticas para o oral e a escrita: apresentação de um procedimento. In: DOLZ, Joaquim e SCHNEUWLY, Bernard. **Gêneros orais e escritos na escola**. Campinas, SP: Mercado de Letras, 2004, p.95-128.

MARCUSCHI, Luiz Antônio. **Produção textual, análise de gêneros e compreensão**. São Paulo: Parábola Editorial, 2008.

PALMA, DieliVesaro; TURAZZA, Jeni Silva; NOGUEIRA JUNIOR, José Everaldo. Educação Linguística e desafios na formação de professores. In: BASTOS, Neusa Barbosa – (org.) **Língua portuguesa**: lusofonia-memória e diversidade cultural. São Paulo: Educ, 2008. p. 215-33.

SEVCENKO, Nicolau. **A corrida para o século XXI** – no loop da montanha russa. São Paulo: Companhia das Letras, 2001.

REFERÊNCIAS BIBLIOGRÁFICAS

ADAM, Jean-Michel. **Les texts**: types e prototypes. Paris: Nathan, 1992.

AUROUX, Sylvain. **A Filosofia da linguagem**. Campinas, SP: Editora da UNICAMP, 1998.

BECHARA, Evanildo. **Ensino da gramática**. Opressão? Liberdade? São Paulo: Ática, 1985.

BRANDÃO, Helena H. Nagamine. **Introdução à análise do discurso**. Campinas: Editora da Unicamp, 1991.

BRASIL. Constituição Federal, Disponível em:<http://pdba.georgetown.edu/Constitutions/Brazil/brazil10.pdf>. Acessado em 04 jul. 2011.

BUENO, Francisco da Silveira. **Grande dicionário etimológico-prosódico da língua portuguesa**. Santos: Editora Brasília, 1974.

DOLZ, Joaquim; NOVERRAZ, Michèle; SCHNEUWLY, Bernard. Sequências didáticas para o oral e a escrita: apresentação de um procedimento. In: DOLZ, Joaquim e SCHNEUWLY, **Gêneros orais e escritos na escola**. Campinas: Mercado de Letras, 2004. p. 95-128.

DONATO, Ausônia. Em torno de algumas questões educacionais. Disponível em:<http://www.obore.com/acontece/textos_especiais_ em torno_de_algumas.asp>.Acesso em: 08 jun. 2011.

FIGUEIREDO, Olívia. **Didáctica do Português língua materna** – dos programas de ensino às teorias, das teorias às práticas. 1.ed. Porto: ASA, 2005.

FREIRE, Paulo. **Pedagogia do oprimido**. Rio de Janeiro: Paz e Terra, 1970.

JAPIASSÚ, Hilton; MARCONDES, Danilo. **Dicionário básico de Filosofia**. 3.ed. rev. e ampliada. Rio de Janeiro: Jorge Zahar Editor, 1996.

KOO, Lawrence Chung. **Estudo da atratividade dos ambientes de comunidades virtuais**: análise comparativa LinkedIn e Orkut. 2006. Dissertação de Mestrado – Pontifícia Universidade Católica de São Paulo, São Paulo, 2006.

LOMAS, Carlos; OSORO, Andrés; TUSÓN, Amparo. Ciências da linguagem, competência comunicativa e ensino da língua. In:

LOMAS, Carlos (org.). **O valor das palavras** – falar, ler e escrever nas aulas. 1.ed. Porto: ASA, 2003. p. 25-70.

MARCUSCHI, Luiz Antônio. Gêneros textuais: definição e funcionalidade. In: DIONÍSIO, Angela Paiva; Machado; Anna Rachel; BEZERRA, Maria Auxiliadora– (orgs.). **Gêneros textuais & ensino.** Rio de Janeiro: Lucerna, 2002.

_____. **Produção textual, análise de gêneros e compreensão**. São Paulo: Parábola Editorial, 2008. p. 146-225.

NISKIER, Arnaldo. **LDB** – a nova lei da educação. 2. ed. Rio de Janeiro: Consultor, 1997.

NICOLESCU, Basarab. Que universidade para o amanhã? Em busca de uma evolução transdisciplinar para a Universidade. In: FREITAS, Lima de, MORIN, Edgar e NICOLESCU, Basarab. **Carta de Transdisciplinaridade** – Adotada no Primeiro Congresso Mundial da Transdisciplinaridade. Locarno: Ciret-Unesco, 1997.

OLIVEIRA, Luciano Amaral. **Coisas que TODO professor de português PRECISA SABER** - a teoria na prática. São Paulo: Parábola Editorial, 2010.

PAIS, Luiz Carlos. Transposição didática. In: MACHADO, Silvia Dias Alcântara. **Educação matemática** – uma introdução. 2. ed. São Paulo: Educ, 2002. p. 13-42.

PALMA, DieliVesaro; TURAZZA, Jeni Silva; NOGUEIRA JUNIOR, José Everaldo. Educação linguística e desafios na formação de professores. In: BASTOS, Neusa Barbosa – (org.). **Língua portuguesa**: lusofonia-memória e diversidade cultural.São Paulo: Educ, 2008. p. 215-33.

PINTO, Manuel Luís da Silva. **Práticas educativas numa sociedade global**.1. ed. Porto: ASA, 2002.

SEVCENKO, Nicolau. **A corrida para o século XXI** – no loop da montanha russa. São Paulo: Companhia das Letras, 2001.

TRAVAGLIA, Luiz Carlos. **Gramática e interação**: uma proposta para o ensino de gramática nos 1º e 2º graus. São Paulo: Cortez, 1996,

TRAVAGLIA, Luiz Carlos. **Gramática** – ensino plural. São Paulo: Cortez, 2003.

TURAZZA, Jeni Silva; PALMA, Dieli Vesaro. Leitura: a arte da interpretação. **UEG em Revista** – Revista Científica da UEG. Quirinópolis, Goiânia, v.1 n. 3, p. 13-30, 2007.

ZANOTTO, Mara Sophia; PALMA, DieliVesaro. Opening Pandora's box – multiple reading of 'a metaphor'. In: ZANOTTO, Mara Sophia; CAMERON,Lynne; CAVALCANTI,Marilda C. – (eds.). **Confronting metaphor in use** – an applied linguistic approach. Amsterdam: John Benjamins Publishing Company, 2008. p. 11-43.

2

Aspectos do ensino da oralidade e o gênero debate público

De forma a recolocar a oralidade como questão central no ensino, tanto quanto a escrita, apresentamos, neste capítulo, conceitos e metodologias voltados para o que chamamos de uma pedagogia do oral. Como já mencionamos no capítulo anterior, partimos de um movimento que privilegia a aplicação dos conceitos aos gêneros textuais, por isso trabalhamos a oralidade ligada ao gênero debate público. Dessa forma, também ampliamos uma das questões mais urgentes no ensino de Língua Portuguesa que é o trabalho com a argumentação.

A partir dos documentos oficiais de ensino que se desenvolveram em torno dos Parâmetros Curriculares Nacionais (1998), começamos a olhar de forma diferente a oralidade na sala de aula. Isso porque, até então, a escrita possuía uma primazia enraizada no ensino. Mas nem sempre foi assim. Quando surgiu a escrita, entre os sumérios, ela ainda ficou, durante muito tempo, relegada a segundo plano, pois o que tinha mais ascensão social era o orador e não quem dominava a escrita. O orador era aquele que falava bem, sabia argumentar e expor a beleza do discurso (MOSCA, 2004). Em segundo plano, ficavam os escribas. O escrito era espaço para alguns registros de negócios e dados imperiais que não podiam ser esquecidos, mas, ainda, aquele que proferia a palavra é que impunha poder a ela, ou seja, o que valia era a palavra dessa ou daquela pessoa diante da hierarquia que assumia na sociedade e na comunidade.

Nota: foi a utilização intencional, pelos sumérios, do aspecto fonográfico na pictografia que transformou a escrita incompleta em escrita completa (...) O sinal tornou-se som – libertado de seu referencial externo –na Mesopotâmia entre 6 mil e 5.700 anos atrás. A ideia foi logo disseminada a oeste do Nilo e a leste do platô iraniano, chegando até o Indo, onde idiomas diferentes e necessidades sociais distintas exigiam outras expressões gráficas (FISCHER, 2006, p. 15).

Por sua vez, a escrita só veio a ganhar espaço de destaque definitivo com o advento dos escritos bíblicos (FISCHER, 2006), nos quais ficou depositada a verdade e, portanto, só alguns tinham direito e privilégio de conhecer tal verdade e, dessa forma, a escrita começou a ganhar tal centralidade, através dos séculos, iniciando um processo que suplantou a oralidade, criando um desequilíbrio de importância. Claro é que a ciência e o poder político, e não só a religião, contribuíram para isso. Ficamos marcados pela supremacia do escrito até fins do século passado e, gradativamente, recolocamos a oralidade no seu nível de importância social. Isso se dá, principalmente, pelo desenvolvimento tecnológico que dá cada vez mais espaço para o registro oral.

Tendo a possibilidade efetiva de tornar o registro oral um documento oficial, ele começou a ocupar o mesmo patamar do documento escrito. Dizemos que começou, pois, por sermos ainda bastante ligados à tradição, essa mudança foi lenta. Podemos citar vários exemplos que reafirmam essa atual importância da oralidade. No espaço cibernético da Internet, há a possibilidade de registrar o mundo por meio do escrito, do oral ou do imagético. As notícias, comentários e depoimentos podem vir em *podcast*, um tipo de arquivo de áudio digital. Logicamente, a televisão e o rádio já registravam a oralidade da mesma forma e isso foi primordial para a sua ascensão, mas com a Internet há uma explosão do uso dos gêneros orais. Além disso, o contato com esses gêneros se dá por grupo bem maior de pessoas. Mas não é só a Internet que tem esse potencial, lembramos, de forma justa, a intervenção da TV e do rádio, mas também a massificação da telefonia fixa ou móvel. Para qualquer conversa telefônica formal, há formas de gravação que as tornam documentos. Quantas vezes ligamos para *callcenters* para resolver os problemas mais diversos e, antes de iniciarmos a conversa, uma gravação diz que tudo o que será falado, para a nossa segurança, será gravado?

Todos esses espaços são, na verdade, suportes onde proliferam uma infinidade de gêneros tanto orais quanto escritos e híbridos, pois misturam as duas modalidades. Temos, por exemplo, na telefonia celular, um gênero que, embora escrito, traz mais marcas da oralidade, que é o torpedo. Da mesma forma, nos *fóruns* e *chats* de discussão e nas redes sociais, os gêneros ora tendem mais para o oral ora mais para o escrito, mas não obedecem a uma regra de supremacia de uma modalidade ou outra.

Não queremos, no entanto, incorrer na visão ingênua de que o escrito está relegado ao esquecimento. Lembramos que os car-

Capítulo 2 — Aspectos do ensino da oralidade e o gênero debate público **47**

tórios com os documentos oficiais recorrem ao escrito, a ciência produz muitos trabalhos na modalidade escrita. A palavra escrita, documentada e assinada, ainda tem mais importância que a falada. Mas o acesso ao mundo está cada vez mais se dando por essa hibridização de modalidades, o que torna incipiente prever qual será o futuro da língua.

Por enquanto, temos plena consciência que o professor precisa entender bem essas duas modalidades. É a importância sobre o domínio da pedagogia da escrita e da pedagogia da oralidade que mencionamos no capítulo introdutório. O professor precisa superar esse preconceito relativo ao oral e dedicar mais tempo a ele. A superação desse preconceito se dá, como bem explicitou Marcuschi(2004,p. 27),

> *pela superação da visão dicotômica em que a fala (oral) é vista como contextualizada, dependente, implícita, redundante, não planejada, imprecisa e não normatizada, fragmentária, enquanto a escrita é descontextualizada, autônoma, explícita, condensada, planejada, precisa, normatizada e completa.*

Entre outros traços dicotômicos, esses podem ser salientados no sentido de mostrar que a língua possui todas essas características, seja na modalidade oral, seja na escrita, dependendo da sua manifestação e da forma como a percebemos, usamos e ensinamos.

Ademais, se o acesso ao mundo se dá em medida exata por meio dessas duas modalidades, os alunos, para o pleno exercício da cidadania, precisam desenvolver seus conhecimentos, tanto na oralidade como na escrita. É por meio do domínio da palavra que o estudante se imporá no mundo, revelando a sua identidade, a sua intervenção e a sua ação transformadora sobre ele.

Por isso, propomos, como exemplo do ensino da oralidade, o desenvolvimento dessa discussão por meio de um gênero de grande ação social que é o debate público. É por meio dele que as grandes decisões em vários setores da sociedade são deliberadas. Seja na escola, na comunidade, no bairro, no município, no Estado ou na Federação, é o debate que determina os encaminhamentos e, quando não determina, caímos nas decisões autoritárias que não cabem mais em uma sociedade democrática e, por isso, o próprio desenvolvimento da consciência participativa e transformadora varrerá posturas autoritárias da nação.

Além disso, a escolha do debate público se dá no sentido de

ampliar a nossa própria discussão desenvolvida no capítulo sobre a argumentação. Diante da importância da competência argumentativa e da sua manifestação clara no debate público e da sua modalidade oral é que optamos discutir a importância do ensino da oralidade por meio desse gênero. Falar muito e reclamar, os alunos (e todos nós) já sabem.

Ressaltamos ainda que o debate é um daqueles espaços de interação interdisciplinar, em razão das várias temáticas que, para serem encaminhadas, precisam se fundamentar nos conhecimentos desenvolvidos nas várias disciplinas. No entanto, estamos, aqui, no âmbito do ensino de Língua Portuguesa, por isso se torna importante sustentar a perspectiva desse trabalho na nossa área em dois sentidos: o primeiro é debater questões polêmicas relacionadas à Língua Portuguesa; o segundo, é mostrar como o indivíduo debatedor pode mobilizar a língua de forma mais eficiente para atingir os seus objetivos em um debate.

Em relação ao primeiro sentido de existência do debate em Língua Portuguesa, podemos tratar de temas polêmicos como o preconceito linguístico, a ética nos gêneros publicitários por meio dos textos que formulam, o erro e a inadequação relativos às variações linguísticas entre outros. Tais temáticas podem ser desenvolvidas nas aulas por meio do debate, tanto quanto aqueles temas que são transversais, previstos pelos PCNs. Aliás, são tão importantes quantos os temas específicos de nossa área e devem ser também objeto de debates.

Porém, ao pensarmos em um debate sobre ecologia, surge a pergunta: qual seria a sua pertinência em uma aula de Língua Portuguesa? É claro que a escola desenvolve conceitos transversais e saberes atitudinais independentes da área, mas necessários ao desenvolvimento dos alunos. Nesse caso, estamos na segunda dimensão da importância do debate em Língua Portuguesa. Assim, trabalhamos com a competência comunicativa do debatedor ao tomar a palavra para si. Como mencionamos, falar é uma atividade corriqueira, mas tomar a palavra e falar em um debate já exige um grau de eficiência comunicativa que vai muito além do simples falar. Aqui é necessário pensar no poder das palavras escolhidas, nos argumentos selecionados, na organização e desenvolvimento da fala, na preservação da face do interlocutor, na não digressão demasiada, além do tom de voz, da imagem construída de si, entre muitas outras questões bastante específicas da nossa área.

Digressão: geralmente se caracteriza por um desvio do tópico da fala. Segundo Castilho (2003, p. 78), "a digressão baseada no enunciado representa um desvio tópico sem motivação interacional. A digressão baseada na interação é um desvio motivado por comentários feitos a uma nova situação, surgida durante a conversação. Finalmente, as sequências inseridas são uma categoria intermediária, que guarda relações tanto com o que vinha sendo dito, quanto com a situação que circunda os locutores".

2.1 QUESTÕES PASSÍVEIS DE DEBATE

Como o debate é um gênero predominantemente argumentativo, ele surge como resultado de uma questão polêmica. Dentro da escola, essa questão polêmica pode orientar três propostas de debates, segundo Dolz, Schneuwly e Pietro (2007):

a) *Debate de opinião de fundo controverso*: o debate aqui repousa, principalmente, nas divergências de sentidos em relação a um dado assunto, que provêm de crenças e opiniões diferentes.

EXEMPLO 1: O ENSINO RELIGIOSO NA ESCOLA.

Na essência, esse tema é controverso e pode trazer uma série de opiniões com vários sentidos e olhares diferentes. A ideia desse tipo de debate não é esgotar o assunto e chegar a uma solução, mas entender e rever os pontos de vista defendidos e convencer os grupos divergentes.

b) *Debate deliberativo*: aqui, o ponto de chegada é um acordo de encaminhamento. Deve-se esgotar a discussão no sentido de que as duas partes terão de chegar, necessariamente, a um acordo.

EXEMPLO 2: QUANTOS LIVROS OS ALUNOS DEVERÃO LER POR MÊS.

Aqui se mobiliza também uma série de crenças e opiniões. No entanto, a organização do debate deve garantir que se chegue a um ponto de encaminhamento que possa contemplar as opiniões divergentes ou que um grupo se convença em relação à posição do outro.

c) *O debate para a resolução de problemas*: aqui também há uma relação com posições divergentes; no entanto, a questão polêmica tem uma solução e é preciso esgotar o debate, ou parcialmente esgotar, para se chegar a uma solução. Essa solução pode existir previamente, trata-se de, no espaço escolar, passar pelo debate para se apropriar dela. Ou ela pode não existir e, como consequência do debate, pode se formular uma solução.

EXEMPLO 3: QUAL A MELHOR FORMA DE SE COMPORTAR EM UMA ENTREVISTA DE EMPREGO.

Essa questão polêmica traz posicionamentos e, talvez, vivências diferentes, mas que pode traçar um caminho para uma resolução e, até mesmo, um roteiro de como se comportar em uma entrevista de emprego.

Todas essas modalidades de debate são possíveis dentro da escola e podem se adequar a objetivos diferentes. As questões polêmicas e o próprio gênero podem, inclusive, estabelecer um diálogo interdisciplinar ou transdisciplinar quando se coloca como necessário percorrer diversos conceitos, independentemente da área do conhecimento, para responder às questões. Se tomarmos o Exemplo 1, vários conceitos do campo científico, artístico e religioso podem ser mobilizados nesse debate. Isso contribui tanto para a formação global do aluno, como para o desenvolvimento dos diversos conhecimentos das diferentes áreas.

2.2 UMA PROPOSTA PARA SE DEBATER

a. Atividade: os papéis sociais do gênero debate público.

b. Objetivo: a partir dos papéis sociais impostos pelo gênero debate público, trabalhar a apropriação das estratégias linguístico-discursivas ligadas à atuação de cada um desses papéis: o organizador geral, o mediador, os debatedores e a plateia.

c. Desenvolvimento:

APRESENTAÇÃO DA SITUAÇÃO

Em função da natureza do gênero e da atividade, organizamos o seu desenvolvimento pelos papéis e não por módulos. Ao apresentar a proposta de atividade, é importante que o professor assista, junto com os alunos, a alguns debates para levantar a presença dos papéis envolvidos e as suas características, assim como os temas e o seu desenvolvimento.

Os Papéis que Compõem um Debate e Suas Características Linguísticas

O gênero debate público traz uma série de papéis a serem desempenhados, cada qual com suas especificidades de interação e suas particularidades linguístico-discursivas. Em uma sequência didática, é importante o professor prever a existência de cada um desses papéis, inclusive fazendo uma espécie de rodízio para que vários alunos possam assumi-los, a fim de desenvolver a sua competência comunicativa em várias situações diferentes.

Em um primeiro momento, poderíamos pensar que há apenas os debatedores. Em uma aula tradicional sobre debate ou sobre situações em que se use o debate como recurso metodológico, o professor apresenta o tema e depois os alunos debatem. Esse tipo de encaminhamento propõe apenas o desenvolvimento do papel de debatedor

Nota: falamos aqui de saberes factuais, procedimentais, conceituais e atitudinais conforme sistematizou Antoni Zabala na sua obra "A prática educativa (1998).

a. Conhecimentos factuais: fatos, acontecimentos, situações, dados e fenômenos concretos e singulares.

b. Conhecimentos procedimentais: regras, técnicas, métodos, estratégias.

c. Conhecimentos conceituais: fatos, objetos ou símbolos que tenham características comuns e os princípios que se referem às mudanças que se produzam em um fato, objeto ou situação em relação a outros fatos, objetos ou situações que normalmente descrevem relações de causa-efeito ou de correlação.

d. Conhecimentos atitudinais: conteúdos que agrupamos em valores, atitudes e normas.

ATENÇÃO

Seria necessário e importante que o professor pudesse ter alguns debates gravados para poder proceder à análise dos papéis que se assumem em um debate, assim como as estratégias linguístico-discursivas que utilizam. No site www.youtube.com é possível baixar uma série de debates para levar para a sala de aula.

---

ou, mesmo, só o desenvolvimento do tema. Nossa proposta aqui é potencializar o debate público como conteúdo e como recurso metodológico que pode desenvolver saberes de diversas ordens.

Tomando como parâmetro um debate extremamente organizado (podemos ter como referência os debates políticos em época de eleição, por exemplo), há vários papéis possíveis de ser assumidos. Vamos elencá-los:

1. **Organizador geral:** pessoa responsável pela organização geral do debate, pode, inclusive, propor uma pauta de discussão e ir controlando o desenvolvimento das interações.

2. **Mediador:** figura importantíssima no debate, responsável pela unidade da discussão. É ele quem constrói a coesão para as diversas falas, organiza a tomada de turnos, conclui e sintetiza um texto que é construído coletivamente e corrige os desalinhamentos temáticos criados pelas digressões.

3. **Debatedores:** são os papéis assumidos por aqueles que, de fato, argumentarão em prol de uma deliberação, de um tema controverso ou para a resolução de um problema.

4. **Plateia:** é importantíssimo garantir o desenvolvimento do papel de quem assiste a um debate. Isso porque precisamos que os alunos aprendam a se organizar em situações coletivas. Aqui é necessário desenvolver um comportamento que também é linguístico-discursivo, mas que é menosprezado, que é o de ouvir, ou seja, como se organizar para ouvir e compreender o que se ouviu para interferir no debate? Aqui é necessário fazer anotações, organizar perguntas para serem oralizadas ou escritas no momento certo, tomar posicionamento ao pedir a palavra, também no momento certo, para fazer um comentário que possa contribuir com os debatedores etc.

5. **Auxiliares:** aqui podemos colocar uma série de papéis, não menos importantes, mas que podem ser redimensionados, dependendo dos recursos da escola. Podemos lembrar-nos daquele indivíduo que recebe as perguntas por escrito e as reorganiza para selecioná-las ou colocá-las em blocos temáticos para serem respondidas pelos debatedores. Se houver a possibilidade de filmar para depois rever o processo, há a pessoa ou o grupo que organiza e edita o filme. Devem ser previstos também os responsáveis pela montagem do cenário e pela organização de um espaço que se mostre mais propício ao desenvolvimento do debate. Como esses papéis são mais acessórios e dependem do contexto da escola, não os desenvolveremos nesse trabalho.

As Marcas Linguístico-Discursivas dos Vários Papéis Assumidos no Debate

a) O organizador geral

Essa figura é responsável pelos encaminhamentos mais gerais de um debate, mas também se responsabiliza pelo bom funcionamento do processo. É o líder ou o diretor. Ele pode assumir a responsabilidade de organizar um texto gerador que oriente todo o debate, além de propor uma pauta para a discussão. Para exemplificar, tomemos o debate para o entendimento de assunto controverso, sugerindo uma questão e uma pequena expansão explicativa e delimitadora para o que se propõe no debate:

> OS PROGRAMAS DE TELEVISÃO INFLUENCIAM COMPORTAMENTOS NEGATIVOS NA SOCIEDADE?
>
> As redes de televisão têm uma relação dinâmica e recíproca com a sociedade. Não podemos dizer se ela é organizada por meio do que a sociedade quer ou se a sociedade se organiza por meio do que a televisão quer. Noticiário que só comunica e explora o que é violento, programas de auditório que expõem a indignidade da família e das pessoas para conseguir audiência, novelas que exploram a sexualidade e também a violência e os maus comportamentos influenciam a sociedade a se comportar de maneira inadequada. Ou será que é o contrário? As pessoas gostam mesmo é de se divertir com a violência e a degradação dos outros, com as fofocas e o confinamento de pessoas que perdem a sua dignidade; por isso, só assistem às redes que passam aquilo que elas querem. E, para se manterem e existirem, os programas precisam atender aos interesses desses telespectadores. Como podemos entender esse fenômeno?

Veja como esse momento pode ser riquíssimo para a aula de Língua Portuguesa. A ideia é que os alunos saibam o que farão do início ao final para que as partes constitutivas da sequência feita a partir dessa proposta tenham sentido. Por isso, partir de um debate público que o professor tenha gravado é importante para que eles organizem as etapas em função do produto final. As questões linguístico-discursivas aqui são várias. Como formular uma questão controversa? Isso não é simples, todos os alunos podem tentar propor uma pergunta e não apenas aquele que será o organizador geral. Aliás, sendo ele ou não o professor, pode receber várias propostas a fim de construir uma questão controversa com a qual todos estejam de acordo. Trabalhamos aqui não com uma pergunta cotidiana, mas com uma indagação bem formulada e geradora de discussão. Temos de escolher um enunciado que fique claro, com palavras adequadas para que ninguém fique confuso no debate.

Mas a questão geradora não é o suficiente para permitir compreender a temática. Ela ainda pode dar margem a uma série de interpretações que pode comprometer os temas levantados durante o debate. Por isso, a turma pode construir, junto com o organizador, um texto do tipo expansão explicativa da questão, como vimos aqui. Trata-se de uma construção textual que pode ser, inclusive, encaminhada a todos para que saibam exatamente o que será discutido, evitando que alguém saia do tema, e para que os debatedores possam já levantar argumentos e dados para focalizar essa temática.

No exemplo apresentado aqui, vemos que se trata de um texto formal, claro, mas que traz outras pequenas questões que dão suporte à questão geradora. Os alunos podem treinar esse procedimento nesse momento, como forma de expandir uma questão, de modo a tornar mais claro aquilo que se quer, sem dar resposta à pergunta, mas fomentando o seu caráter controverso.

b) O mediador

A figura do mediador também é central em um debate público, pois organiza a coesão de um texto que é produzido coletivamente. Claro é que os debatedores são responsáveis pelo estabelecimento dessa coesão ao tomar o turno do outro. No entanto, deparamo-nos, muitas vezes, com a possibilidade de um debatedor pegar um argumento ou um tópico pontual da fala de outro e começar a desenvolvê-lo criando outra temática. Nesse sentido, o mediador traz o debatedor de volta à unidade temática, possibilitando a progressão na construção do texto, e também atentando para a forma como a plateia possa participar, como ouvinte, da discussão, sem se perder nas várias possibilidades de digressão.

Como já mencionamos, é importante que, ao entrar em uma sequência didática que proponha o debate, o professor parta de um debate a que os alunos possam assistir. Nesse momento, é importante atentar para algumas questões linguístico-discursivas específicas do mediador, a saber:

– Os elementos que possibilitam a coesão: na passagem de turno, alguns recursos coesivos são importantes como: *de acordo com o que o debatedor x disse, o que você acha... retomando a fala de*

ATENÇÃO

Do ponto de vista de uma gramática funcional e reflexiva, o professor pode usar esses momentos formais para trabalhar questões gramaticais que o gênero exija. Um gênero debate público acontece em um contexto de formalidade, então é necessário ficar atento à concordância, aos elementos coesivos, ao uso pronominal etc.

Coesão: Costumou-se designar por coesão a forma como os elementos linguísticos presentes na superfície textual se interligam, se interconectam, por meio de recursos também linguísticos, de modo a formar um "tecido" (tessitura), uma unidade de nível superior à da frase, que dela difere qualitativamente (KOCH, 2004, p. 35).

Tópico: Cada tópico conversacional corresponde a uma unidade discursiva. Como aponta Castilho (2003, p. 63), "é um segmento do texto caracterizado (i) semanticamente, por preservar a propriedade de coerência temática maior, atendo-se como arranjo temático secundário ao processamento de um subtema".

debatedor x..., de acordo com o tema, o debatedor x mencionou..., o debatedor x falou que, por outro lado ... entre outros. É função do debatedor também estabelecer essa conexão ao iniciar o seu turno, no entanto, muitas vezes isso pode não acontecer e ali estará o mediador para resolver o problema da fluidez do discurso. Além disso, em um debate regrado e organizado, que tem por objetivo desenvolver esses saberes que também são atitudinais, o mediador pode ficar com a responsabilidade de organizar a transferência de turno. Para o professor, esse procedimento é importante, pois assim ele poderá problematizar a questão da coesão e dos elementos responsáveis por ela.

– **Unidade textual**: um debate público é um texto construído coletivamente e cabe ao mediador manter a coerência em função de uma plateia. Ele precisa estar atento e colocar-se no lugar desse auditório de forma a aguçar sua percepção no sentido de manter a coerência e a progressão do texto para que os ouvintes possam compreendê-lo. E não só em função dessa compreensão, mas também em função da atenção para que o público não se disperse. Em um debate, o risco de dispersar a atenção é grande, tendo em vista que assuntos menores e pessoais podem vir a se tornar centrais, instalando uma sessão tediosa. O mediador precisa ser uma sentinela que mantém essa unidade textual, assim como a sua progressão. Nesse espaço, o professor pode trazer uma série de exemplos que podem mostrar essa dispersão no texto, inclusive criando exercícios de retomada da unidade textual.

– **Um texto-síntese:** fazer síntese não é algo fácil. Ao fechar um debate, o mediador precisa concluir não fechando a questão (como é o caso de um debate de assunto controverso), mas sintetizando aquilo que foi debatido. Sintetizar é uma habilidade que todos os alunos possuem, mas que precisa ser desenvolvida. Sabemos sintetizar um filme que vimos, um acontecimento do dia anterior, um capítulo de novela, mas sintetizar em um situação mais formal, dentro de um gênero como o debate e em função de uma plateia, não é uma tarefa simples. Por isso, trabalhar procedimentalmente a síntese é um recurso que o professor pode adotar antes do debate. Para que os alunos possam desempenhar o papel de mediador, o professor pode apresentar um debate gravado na televisão e parar antes de o mediador fazer o fechamento e pedir para que os alunos o façam.

Por fim, em relação ao mediador, o professor pode aprofundar uma série de estudos mais pontuais como a formalidade da língua nesse contexto, potencializando a sequência.

c) Os debatedores

Aqui temos os papéis responsáveis pela ação de debater. Debater não é apenas falar, mas construir um texto com base argumentativa que seja suficiente para defender uma posição em relação a um tema. É preciso que o debatedor esteja munido de dados e argumentos levantados anteriormente para poder acessá-los no momento em que se debate. Porém, como se trata de um gênero face a face, é necessário que se tenha percepção e atenção à fala do outro para poder perceber a essência do argumento opositor a fim construir o contra-argumento. Portanto, um debatedor pode se preparar para sua argumentação, mas muita coisa deve ser construída no momento da interação. Se o participante não for atento ou não desenvolver tal atenção, de nada vale levantar dados anteriormente, pois eles precisam ser encaixados na progressão das falas que surgem no momento. Ao analisar um debate, é importante estar atento à:

– **Digressão:** como já mencionamos, perceber os momentos em que um debatedor foge do assunto, fragilizando o seu argumento.

– **A sua imagem:** uma das formas mais eficientes de convencer o outro (no caso do debate, mais pontualmente a plateia) é ter uma imagem de pessoa confiável, honesta, segura, conhecedora do tema, trata-se do *ethos* construído. Por isso, é importante que o debatedor use um registro formal, a norma culta, fale pausadamente para ser bem entendido, traga exemplos claros que não causem confusão, use palavras que expressem seriedade etc.

> Ethos: são traços de caráter que o orador deve mostrar ao auditório (BARTHES, apud MAINGUENEAU, 2005, p. 98).

– **Tomada de turno:** se o mediador não marcar o tempo e a organização dos turnos, o debatedor precisará estar consciente das formas e das expressões mais formais para a tomada de turno. O professor pode levantar essas expressões assistindo a outros debates. Essas formas podem ser físicas, como levantar a mão, ou linguísticas, por expressões, como pedir licença, usar o futuro do pretérito, usar certas conjunções como *mas, então, entretanto* etc.

Por fim, outros elementos podem ser apontados pelo professor a partir das leituras feitas de outros debates.

d) A plateia

Pensar na plateia é de grande importância no desenvolvimento de um debate como conteúdo e como metodologia em Língua Portuguesa. Muitas vezes, achamos que ser plateia é algo que o indivíduo nasce sabendo ou desenvolve naturalmente, porém não é tão simples assim. Na verdade, ser plateia é um papel que se aprende tendo modelos como referência. Na escola, é imprescindível que se desenvolva essa modalidade de participação, até porque é comum dizer que os alunos não sabem se comportar, não sabem ouvir. Saber ouvir não é só ficar em silêncio, mas ouvir ativamente para poder se apropriar do que ouve. Portanto, é necessário ensinar a tomar notas do que é debatido e das ideias expostas pelos debatedores. Esse tomar nota pode, inclusive, subsidiar a plateia para o momento em que ela é chamada a falar no debate. Geralmente, há um espaço no final do debate para que a plateia se manifeste. Nesse momento, ela pode mostrar seu desempenho linguístico-discursivo em duas dimensões:

– **Fazer perguntas:** as perguntas podem ser orais ou escritas. O professor pode ensinar isso antes do debate, mostrando como anotar para depois formular uma pergunta para ser feita oralmente ou como escrever a pergunta de forma que o debatedor possa compreender a questão e possa inseri-la na progressão da sua fala. É preciso mostrar para os alunos que participarão da plateia que nem todas as perguntas poderão ser feitas, em função de um tempo predeterminado pelo organizador geral. Por isso, as perguntas melhores e mais adequadas é que serão respondidas e selecionadas, no caso de serem escritas. No caso de serem oralizadas, é preciso que a questão fique clara para que não dificulte a resposta do debatedor. Muitas vezes, um debatedor precisa despender um tempo para, primeiro, entender o que se pergunta para, depois, poder responder. Isso pode ser resolvido, escrevendo a pergunta anteriormente, antes de fazê-la.

– **Fazer comentários:** no espaço de manifestação da plateia, pode-se tecer comentários acerca do que foi debatido, inclusive, defendendo um dos lados relacionado ao assunto controverso. Mas, para isso, também é necessário ficar atento ao debate e anotar as passagens mais significativas para formular um texto comentário que também pode ser escrito para, depois, ser oralizado.

Essas duas dimensões também podem ser desenvolvidas antes, com outros debates assistidos.

Avaliação: para esse tipo de sequência é interessante fazer um registro do processo e um reexame de tudo o que foi feito. Se o debate puder ser gravado, depois a avaliação pode ser feita conjuntamente para analisar o desenvolvimento, as atitudes e as performances desenvolvidas nos diversos papéis assumidos e na ação discursiva dos alunos. O professor pode problematizar as atitudes que ajudaram ou comprometeram o debate, não no sentido de levantar mocinhos e vilões, mas procurando fazer os estudantes se perceberem como aprendizes do gênero para que possam amadurecer suas ações. Outro debate, algum tempo depois, poderá mostrar mais efetivamente o aprendizado dos alunos. Pode-se também, no final, assistir a outro debate gravado da televisão, para analisar se a percepção dos alunos mudou depois da experiência vivida.

2.3 PARA FINALIZAR

A ideia central deste capítulo foi mostrar como oralidade é imprescindível no desenvolvimento da competência comunicativa. Mostramos que falar é um procedimento usual, mas que, em certos gêneros, falar é tão complexo como escrever. A complexidade da oralidade e da escrita está ligada à complexidade dos gêneros e não à modalidade oral ou escrita de forma geral. Para desenvolvermos essa discussão, usamos o gênero debate público a fim de ilustrar os conceitos propostos, assim como a metodologia. Como parâmetro, o gênero debate pode mostrar de que maneira podemos inserir outros gêneros orais em sala de aula com toda a sua complexidade, como entrevistas, dinâmicas de seleção, telejornais, radiojornalismo, audiência pública etc. Além do mais, dar a palavra ao aluno e possibilitar que ele faça muito bom uso dela, de modo consciente e crítico é dar a ele o espaço da ação social, da contribuição com o desenvolvimento da sociedade e o direito de propor e não apenas de acatar o que o outro diz. Por parte do professor, é necessário que rompa com a tradição de um ensino voltado apenas para o escrito e que desenvolva um saber sobre a pedagogia da oralidade.

SUGESTÕES DE LEITURA

AMOSSY, Ruth (Org.). **Imagens de si no discurso**: a construção do ethos. São Paulo: Contexto, 2005.

CASTILHO, Ataliba T. de. **A língua falada no ensino de Português**. São Paulo: Contexto, 2003.

DOLZ, J.; SCHNEUWLY, B. **Gêneros orais e escritos na escola**. Campinas: Mercado de Letras, 2007.

MAINGUENEAU, Dominique. **Análise de textos de comunicação**. 4. ed. São Paulo: Cortez Editora, 2005.

REFERÊNCIAS BIBLIOGRÁFICAS

CASTILHO, Ataliba T. de. **A língua falada no ensino de Português**. São Paulo: Contexto, 2003.

DOLZ, J.; SCHNEUWLY, B. **Gêneros orais e escritos na escola**. Campinas: Mercado de Letras, 2007.

FISCHER, Steven Roger. **História da leitura**. São Paulo: Editora UNESP, 2006.

KOCH, Ingedore V. **Introdução à linguística textual**. São Paulo: Martins Fontes, 2004.

MAINGUENEAU, Dominique. **Análise de textos de comunicação**. 4. ed. São Paulo: Cortez Editora, 2005.

MARCHUSCHI, Luiz Antônio. **Fenômenos da linguagem**: reflexões semânticas e discursivas. Rio de Janeiro: Lucerna, 2007.

MOSCA, Lineide L. S. **Retóricas de ontem e de hoje**. 3.ed. São Paulo: Humanitas, 2004.

PCNs, BRASIL. Secretaria de Educação Fundamental..**Parâmetros curriculares nacionais:** ensino fundamental ciclo II – Língua Portuguesa. Brasília: MEC/SEF, 1998.

ZABALA, Antoni. **A prática educativa**: como ensinar. Porto Alegre: Artmed, 2007.

3

A retextualização: da entrevista oral para a escrita

Vivemos na sociedade do conhecimento que pode ser buscado em diferentes fontes, como o livro, a mídia impressa, a mídia eletrônica, entre outras. Um gênero textual que possibilita a circulação/divulgação de conhecimentos é a entrevista. Sua presença na sociedade, como gênero característico da imprensa, é recente, uma vez que a divulgação de informações em massa data do século XVII, quando surgem, inicialmente, o primeiro jornal semanal, por volta de 1602, na cidade de Antuérpia, e, posteriormente, o primeiro periódico diário, em 1650, em Leipzig, na Alemanha. De acordo com Houaiss (2001, p. 1168), na Língua Portuguesa, a palavra com o sentido de "colóquio entre pessoas em local combinado, para obtenção de esclarecimentos, avaliações, opiniões etc." data de 1856.

Entrevista: palavra que, etimologicamente, provém do Francês entrevoir e significa o que se entrevê ou se vislumbra. Pode ser definida como uma conversa entre duas pessoas, na qual uma delas, o entrevistador, faz as perguntas. Tendo objetivos predeterminados, esse diálogo segue uma pauta ou relação de assuntos, traduzida nas perguntas propostas ao entrevistado.

Neste capítulo, propomos um trabalho com o gênero entrevista em sua modalidade oral e em sua modalidade escrita, contemplando a leitura, a produção textual e a reflexão linguística. Nesse percurso, que vai da entrevista oral para sua transformação em texto escrito, apontando para a existência de um *continuum* entre os gêneros textuais orais e os escritos, há um processo chamado retextualização, ou seja, após o jornalista colher dados por meio de uma entrevista, ele escreve o seu texto, que pode ser uma entrevista escrita, ou mesmo uma reportagem ou uma notícia. Nessa passagem, não acontece uma simples transcrição daquilo que colheu na oralidade, mas ocorre um complexo sistema de transformação textual: a retextualização.

Na escola, esse tipo de trabalho pode assumir grande importância, pois propor atividades de retextualização implica uma reflexão linguística apurada por parte dos alunos que, se motivados por um contexto de tarefa envolvente, desenvolvem essa reflexão que é diferente daquelas aulas de gramática descontextualizada. Para iniciarmos o nosso trabalho, apresentamos dois exemplos: o primeiro é uma entrevista transcrita (a entrevista gravada pode ser acessada no site <http://www.youtube.com/watch?v=GSkm9 jh91z8&playnext=1&list=PL10DB620B8EB408A5>) e o segundo é o texto escrito a partir dessa entrevista oral. Não podemos esquecer também que, ao introduzir um gênero de texto, é necessário levantar, junto com os alunos, todas as características da esfera de sua circulação, tempo, interlocutores, suporte etc.

EXEMPLO 1: ENTREVISTANDO THALITA REBOUÇAS

Thalita: eu sou thalita rebouças... tenho 32 anos... mas com corpinho de 31 ehhh... e sou escritora... abandonei o jornalismo há uns 6 anos... quando resolvi escrever do meu sonho e eu escrevo pra galera parar de implicar... pra galera parar de falar que ler é chato... porque ler é tudo de bom...

Repórter 1: de onde saiu essa vontade de escrever?

Thalita: desde pequena meu avô já me fez ficar viciada assim em história... com dez anos assim... eu resolvi ehhh... fazer o meu primeiro livro... então... eu desenhava... grampeava... e as pessoas perguntavam... o que você quer ser quando crescer? e eu falava... escritora...

Repórter 2: a malú tem várias histórias engraçadérrimas e... assim... uma dúvida que muita gente tem... você é a malú?

Thalita: eu não sou a malú... a malú tem muitas histórias comigo... a história do pato... do fala sério... amor ... tem a ver comigo... entendeu? eu tenho medo de pato mesmo e a malú tem... e esse é o grande barato assim de escrever... sabe... laís... de... ehh... poder usar a realidade... quando a realidade fica mais ou menos chatinha... poder inventar... sabe?

Repórter 3: você já fez alguma loucura pra vender os seus livros?

Thalita: na bienal do livro de 2000... sete anos atrás... a editora me chamou pra eu autografar o meu livro... que era traição entre amigas... meia hora passou... ninguém chegou ... eu subi na cadeira... tá! e comecei a assoviar... fazer (som de assovio)... aqui ó... olha pra mim... eu sou escritora... cara... compra meu livro aqui... meu livro é ótimo e vai com o meu autógrafo e aí eu vendi à beça e desde esse dia eu falei... poxa... que bacana é... confiaram no que eu escrevo me ajuda a vender os meus livros...

Repórter 4: você também é atriz... isso te ajuda a escrever?

Thalita: me ajuda... o fato de ter sido atriz me deu cara de pau... que é o que eu tivepra poder abordar as pessoas nas livrarias...

Repórter 5: no ano passado teve a peça fala sério... mãe do livro... você pensa em escrever outra peça... sei lá... filme?

Thalita: teatro é muito legal pra assistir... mas dá muito trabalho e eu produzi a peça também... o que significa dizer que eu botei dinheiro... alma... coração... tudo... naquela peça... cinema ... tem uns... produtores aí que andam interessados em fazer... em transformar o pop star ... enfim ... tem umas conversas rolando e aí cinema é mais bacana... porque aí eu deixo lá e os produtores e diretores fazem... eu não quero me envolver mais do jeito que me envolvi...

Repórter 6: disse que ia acabar o fala sério e você vai começar outra série tipo o pop star ... em vez de você fazer isso... você vai fazer outra coisa?

Thalita: tudo por um pop star não vai mais ter... nem o fala sério ... só vai ter o fala sério... amiga... na verdade... virou uma série por causa dos leitores... porque os leitores falam... pôxa... o que vai acontecer com os personagens? eu quero ler mais coisas dos personagens e eu não tinha ideia que os adolescentes gostam de continuação... então... por isso que nasceu o fala sério... mãe... fala sério...amor... fala sério ... professor... tudo por um pop star ia ser um tudo por um pop star... só que depois: por favor... escreve mais e (?)... mas assim ... o traição entre amigas já não é ... o livro que eu vou lançar agora em outubro que é uma fada veio me visitar também não vai ter continuação nenhuma... o do ano que vem... que eu não vou falar o título ainda... mas que vai ficar muito divertido e o que já tá muita coisa aqui (apontando pra cabeça) também não vai ser série... vai ser só unzinho...

Terceiro incluído: segundo Maingueneau (2005), na cena de enunciação existem coenunciadores que se revezam entre o espaço do eu e do tu. Com o avanço tecnológico, uma série de gêneros passou a ser determinada pela presença do terceiro incluído. São aqueles gêneros que, embora tenham o eu e o tu, são construídos pensando-se também que existe um público ouvinte-leitor, como entrevistas jornalísticas, debate televisivo, programa de auditório etc.

Marcador conversacional: para Castilho, são marcadores conversacionais recursos prosódicos, como pausas, articulação enfática e alongamentos, certos itens lexicais e pré-lexicais, ou expressões complexas que funcionam como articuladores da conversação. Apresentam-se como "segmentos (i) sintaticamente independentes do verbo (ii) constantes de um ou de mais de um item lexical, ou mesmo de expressões não lexicais, (iii) funcionando no monitoramento da conversação e na organização do texto, (iv) distribuídos no início, no meio ou no final da unidade de análise (= turnos, pares adjacentes, unidades discursivas)" (1998, p.47). Indicam o monitoramento da fala, sendo desprovidos de valor semântico, mas de alta importância para garantir a interação no diálogo.

A reflexão linguística está condicionada à esfera de circulação e às restrições que o gênero impõe ao uso das regras da língua, por isso esse trabalho deve sempre ser desenvolvido entre a leitura e produção textual. Primeiro, é necessário pensar na sua esfera de circulação: trata-se de uma entrevista publicada em um site, *G1*, em uma seção para o público adolescente. Os interlocutores envolvidos também são do universo infanto-juvenil, pois a entrevista é feita com a escritora de literatura juvenil Thalita Rebouças e o grupo de repórteres é formado por meninas de 12 a 16 anos. Essas informações são necessárias, pois, dessa forma, podemos contextualizar, por que se usam certas construções linguísticas e outras não. Lembramos, também, que, nessa esfera discursiva, a jornalística, os temas tratados são revestidos pela categoria de interesse público, servem para atualizar o interlocutor e fazê-lo tomar parte na vida das pessoas e nos assuntos discutidos no momento. Além disso, o gênero entrevista oral é composto em linguagem coloquial, haja vista ser um gênero derivado do diálogo cotidiano, que, no entanto, por ser direcionado a um grande público, passa por certa preparação das perguntas e por certo controle do discurso, tanto do entrevistador como do entrevistado.

Entender a entrevista oral dentro dessas concepções aponta-nos algumas características que devemos ressaltar ao analisá-las, como:

a) Marcas conversacionais

Como mencionamos, o gênero entrevista é aquele que se aproxima mais de uma conversa cotidiana, não fosse pela presença do que chamamos de terceiro incluído na enunciação que é o público ouvinte. Por isso, embora transcorra de forma descontraída, os envolvidos no gênero sabem que estão diante de uma câmera e que serão vistos por muitas pessoas, logo a resposta do entrevistado não será apenas para contemplar a pergunta do entrevistador, mas também para divulgar sua imagem entre o seu público. Da mesma forma, o entrevistador coloca-se em uma posição de porta-voz do que esse espectador supostamente gostaria de saber. Temos uma encenação, até certo ponto, forjada, como se fosse uma conversa descontraída e cotidiana. Por isso, marcadores conversacionais são bastante comuns. Veja no trecho *a*:

a. eu sou a thalita rebouças... tenho 32 anos... mas com um corpinho de 31 ehhhhh ... e sou escritora

O *ehhhhh* é um marcador conversacional comum do diálogo cotidiano, que aparece também em entrevistas, cuja única função é fazer o interlocutor ganhar tempo para formular sua próxima frase.

Logo na sequência, há as reticências apontando um silêncio prolongado que também tem a mesma função. Esse recurso é comum nos gêneros originados da conversa cotidiana. Esse mesmo recurso aparece várias vezes na fala da entrevistada, porém, mesmo parecendo próximo à conversa cotidiana, o gênero entrevista, como mencionamos aqui, exige um grau de controle do turno e do que se fala, pois não podemos nos esquecer dos telespectadores.

Outro marcador conversacional que podemos analisar está na expressão *sei lá*. Vejamos o trecho **b**:

b. você pensa em escrever outra peça... sei lá... filme?

O uso dessa expressão, que normalmente tem por sentido algo como *deixa eu pensar nos exemplos*, nesse caso serve para introduzir tal exemplo. Geralmente, depois do uso dessa expressão, há uma pequena pausa como se o locutor fosse buscar, entre os exemplos possíveis, aquele que é mais adequado ao contexto da conversa: no caso, *filme*.

Algumas marcas servem para testar a atenção do interlocutor e não para fazer uma pergunta, apesar de se revestirem de traços como perguntar ou querer que o outro responda. Vejamos esse caso nos trechos **c** e **d**:

c. eu não sou a malú... a malú tem muitas histórias comigo... <u>a história do pato</u>... do <u>fala sério... amor</u>... tem a ver comigo... entendeu? eu tenho medo de pato mesmo e a malú tem...

d. e esse é o grande barato assim de escrever... sabe... laís... de... ehh... poder usar a realidade... quando a realidade fica mais ou menos chatinha... poder inventar... sabe?

Nesses trechos, temos dois períodos terminados por perguntas: *entendeu?* e depois sabe? Na verdade, não é uma pergunta para ser respondida pela repórter, mas um recurso conversacional que serve para manter o turno, ou seja, a entrevistada testa sua ouvinte para ver se pode continuar falando, ao mesmo tempo em que verifica o próprio sistema de comunicação, e mantém a atenção para o que está falando. Esse recurso também é eficiente no processo de interação e na preservação da face, pois ressalta a necessidade de interagir e aproxima os interlocutores, mostrando a preocupação em introduzir a presença do outro no diálogo. Veremos mais sobre preservação da face no próximo item.

b) A preservação das faces dos interlocutores

Outra característica comum desse gênero é a preocupação com a preservação das faces dos interlocutores. Lembramos que, por se-

Nota: para Goffman (2008), os interlocutores criam uma fachada ao interagirem e é com ela que o eu e o tu conversam. Por isso, há uma preocupação entre eles de não exporem a face negativa e de manterem a face positiva; no caso, entrevistador e entrevistado.

rem vistos por um grande número de pessoas, os envolvidos estão preocupados com a sua imagem. O entrevistador, normalmente, preocupa-se com perguntas que não exponham a face negativa do seu entrevistado e, por sua vez, o entrevistado controla o seu discurso para expor informações que enalteçam a sua imagem. Retomando o trecho *a*, vemos que a entrevistada faz uma brincadeira ao se descrever, quebrando a expectativa comum da descrição de uma escritora que parece ser alguém mais formal ao dizer *...tenho 32 anos... mas com corpinho de 31...* a relação de oposição que se estabelece entre as ideias nada mais é que a tentativa para construir uma imagem descontraída dela mesma (ou manter essa imagem que já possui), uma vez que o seu público leitor é composto de adolescentes. Vemos isso também em várias gírias que ela usa (o gênero entrevista permite esse uso) como *cara, grande barato, galera*, entre outras. Usar gírias pode, muitas vezes, expor a face negativa do indivíduo, o que não é o nosso caso, tendo em vista que serve para aproximar a entrevistada do seu público. Vejamos o trecho *e*:

> **e.** ... eu subi na cadeira... tá! e comecei a assoviar... fazer (som de assovio)... aqui ó... olha pra mim... eu sou escritora, cara... compra meu livro aqui, meu livro é ótimo e vai com o meu autógrafo...

Nesse caso, ao descrever sua atitude diante das vendas do livro, Thalita se constrói com uma imagem totalmente inusitada de uma escritora. Essa fala serve mesmo para colocá-la em pé de igualdade com qualquer adolescente que sobe na cadeira para chamar a atenção dos adultos. No entanto, como vimos, como se trata de um público adolescente, essas ações descritas não ferem a imagem da escritora.

Por sua vez, as entrevistadoras também mantêm, em suas perguntas, a preocupação em não colocar em risco a face negativa da entrevistada por meio de perguntas rápidas e nada polêmicas, mas que atualizam traços positivos da moça. Nos trechos *f* e *g*, podemos perceber isso:

> **f.** a malú tem várias histórias engraçadérrimas e assim...

> **g.** você também é atriz... isso te ajuda a escrever?

O trecho *f* elogia as histórias criadas pela escritora. O uso da gíria engraçadérrimas estabelece uma comunhão entre as duas mantendo as faces positivas e a interação com o público adolescente. O trecho *g* traz outra profissão que a escritora exerce e que vem agregar, positivamente, outras características à sua imagem.

c) As sequências narrativas

Por se tratar de uma entrevista cujo foco é o entrevistado e não o assunto da entrevista, lança-se mão de estruturas narrativas por excelência, pois a preocupação está em contar histórias e não em problematizar assuntos polêmicos do cotidiano. Isso ocorre, porque uma entrevista, ao ser colocada em pauta, pode ter duas motivações: a primeira, vinda da necessidade de se discutirem os assuntos que estão em evidência na sociedade, por exemplo, aborto, sexualidade, eleição, meio ambiente. Se o objetivo da entrevista é esse, buscam--se entrevistados especialistas sobre os assuntos que recorrerão, predominantemente, às sequências expositivas e argumentativas para expressar suas ideias. A segunda motivação para entrevistas tem relação com as pessoas que são celebridades no momento e, por isso mesmo, elas são o assunto. Como o foco da entrevista passa a ser a vida da pessoa entrevistada, recorre-se mais às sequências narrativas para contar suas histórias. Analisemos o trecho **h**:

> **h.** desde pequena... meu avô já me fez ficar viciada assim em história... com dez anos assim... eu resolvi ehhhh... fazer o meu primeiro livro... então, eu desenhava, grampeava e as pessoas perguntavam... o que você quer ser quando crescer? eu falava escritora.

Podemos dizer, por esse trecho e o restante da entrevista, que, como o foco é a escritora Thalita Rebouças, suas falas recairão sobre a sua história, logo, ela recorrerá, recursivamente, às sequências narrativas. Elas servirão melhor para expor a vida do entrevistado e envolver o telespectador. No trecho, pode-se mostrar as marcas temporais representadas pelas expressões *desde pequena... com dez anos ... então ...* e pela frase que marca também uma relação temporal: *o que você quer ser quando crescer?* As marcas do narrativo são: temporalidade, espaço e personagens.

3.1 A RETEXTUALIZAÇÃO

A proposta deste capítulo é possibilitar ao aluno o trabalho com o gênero entrevista, assim como a sua retextualização. Nesse processo de montar a entrevista, gravar, transcrever e retextualizar para a divulgação do texto escrito, o professor pode trabalhar com uma série de conteúdos da área de Língua Portuguesa, como já vimos aqui: sequências narrativas, as marcas da face, marcadores conversacionais entre outros. Vamos agora à mesma entrevista, só que retextualizada. O texto a seguir foi escrito em uma estrutura para ser publicada em jornal ou revista, com base na entrevista apresentada aqui:

THALITA REBOUÇAS: A ESCRITORA DOS ADOLESCENTES

Com muitas ideias na cabeça, a escritora juvenil Thalita Rebouças diz que pretende lançar, neste ano ainda, um livro e outro, ainda sem título divulgado, para o próximo ano.

Porém, ela ressalta que nenhum dos dois terá continuação. Como ela mesma diz, será "unzinho" só. Thalita disse que não pretende escrever mais séries como o "Fala sério" e "Tudo por um pop star". Chega a revelar que fez isso pensando nos leitores, pois eram eles que queriam a continuação.

Se depender da escritora, peça de teatro está fora dos planos também. Thalita estreou no ano passado uma peça que montou a partir do livro "Fala sério...mãe", mas a experiência foi muito desgastante. A autora diz que se dedicou muito, investiu dinheiro, tempo e até a alma, o que deu muito trabalho. Mas os fãs não precisam ficar tristes, pois diz que há "conversas" para transportar os personagens do livro para o cinema.

O GOSTO PELA LEITURA

Thalita conta que seu gosto pela leitura surgiu muito cedo, e que foi seu avô, que a fez ficar "viciada" em história e a querer ser escritora quando crescesse. Mas foi com dez anos que ela escreveu o seu primeiro livro. Sobre isso, ela afirma: "Eu desenhava, eu grampeava e as pessoas perguntavam: o que você quer ser quando crescer?", a resposta, já sabemos.

LIVROS AUTOBIOGRÁFICOS

"Eu não sou a Malú", refuta Thalita quando questionada se é a personagem dos livros é ela. A escritora diz que tem algumas coisas a ver, como o medo de pato que a Malú e ela têm em comum. Mas, para ela, o gostoso mesmo é poder usar a realidade quando a realidade fica mais ou menos chatinha.

LOUCURAS PELO SUCESSO

Thalita assume que já fez loucuras para poder vender seus livros. Conta que, em uma seção de autógrafos na Bienal do Livro de 2000, como não aparecia ninguém para comprar e nem pedir autógrafos, subiu em cima da mesa e começou a assoviar e a chamar os leitores. Diz que vendeuà beça quando começou a gritar: "Aqui ó... olha pra mim. Eu sou escritora, cara. Compra meu livro aqui, meu livro é ótimo e vai com meu autógrafo". E foi assim que tudo começou, com irreverência e descontração.

Quando iniciamos um processo de retextualização, a primeira iniciativa é selecionar as informações mais importantes para iniciar o texto até chegar ao seu final com as informações menos importantes. Na modalidade oral, isso também é possível, pois há um planejamento das perguntas, de forma que o texto venha trazer ao público, primeiramente, as informações principais. Mas, quando retextualizamos, outra coerência é montada, tendo em vista que a modalidade é diferente, escrita, o suporte, jornal ou revista, a forma como as informações serão acessadas pelo interlocutor, além do fato de não haver a presença do entrevistador (pelo menos não concretamente), como no texto acima. O apagamento das perguntas e do entrevistador requer outro processo de coesão das informações.

Percebemos que, no texto retextualizado, a primeira informação recai sobre o que é mais inédito: a pretensão de se lançar um novo livro e como ele será – somente depois é que se apresentam algumas informações sobre a história da escritora e se fecha com questões de curiosidades, ou seja, reordena-se a sequência do que foi falado. Logicamente, isso estabelece uma construção de sentidos diferente na leitura em relação ao momento em que se ouve a entrevista.

Outro elemento que reorganiza a coerência do texto são os subtítulos. Na entrevista oral, como a sequência da fala não é interrompida por nenhuma espécie de subtítulo, constrói-se um entendimento diferente. No entanto, na modalidade escrita, há uma reorganização sob os subtítulos, o que orienta a leitura de outra forma. Temos três subtítulos: *O gosto pela leitura, Livros autobiográficos, Loucuras pelo sucesso.* Como esses subtítulos são a entrada para o texto, eles vão orientar a construção de sentidos para o leitor do que vem à frente.

Outro aspecto dessa retextualização é a forma como se apagam as gírias e as marcas da oralidade mais evidentes. Repetições e marcas conversacionais não existem mais, o texto é enxugado nesse sentido, pois, na fala, é comum repetirmos palavras e mesmo orações inteiras, além de carregarmos de paráfrases. Na modalidade escrita, o texto passa a ser mais econômico nesse sentido, por isso esses apagamentos. No caso da gíria, pode-se manter o recurso das aspas. Vemos que, no texto escrito, permanecem "unzinho" e "viciada", porém entre aspas. Esse recurso mostra para o leitor que se trata de uma marca da fala do entrevistado e não de quem está escrevendo a matéria da entrevista. As aspas são um recurso estilístico interessante de ser estudado, e, no texto, têm a

> **Paráfrase:** uma reescritura de um texto ou de um trecho de um texto por meio de outras palavras que o tornem mais claro, mas sem fugir da ideia original.

função de mostrar as expressões que são do entrevistado e de introduzir as suas falas. Além dessas funções, servem também para dar destaque a certas palavras e dar um tom de ironia quando é intenção do escritor.

Percebemos, também, a diferença na sequenciação das orações. Na oralidade, essa sequenciação é construída com orações justapostas ou coordenadas, e, no texto escrito, usam-se mais períodos complexos. Vejamos os dois trechos a seguir:

i. desde pequena meu avô já me fez ficar viciada assim em história... com dez anos assim eu resolvi ehhh......... fazer o meu primeiro livro... então, eu desenhava, grampeava e as pessoas perguntavam: o que você quer ser quando crescer? e eu falava escritora...

j. Thalita conta que seu gosto pela leitura surgiu muito cedo, e que foi seu avô, que a fez ficar "viciada" em história e a querer ser escritora quando crescesse. Mas foi com dez anos que ela escreveu o seu primeiro livro. Sobre isso, ela afirma: "Eu desenhava, eu grampeava e as pessoas perguntavam: o que você quer ser quando crescer?", a resposta, já sabemos.

O trecho *i*, retirado da entrevista oral, inicia-se por um período simples, no segundo uma oração subordina reduzida e um terceiro período composto por coordenação. O trecho *j*, referente à escrita, já se inicia com uma subordinação e a sequenciação é organizada por formas de correferenciação mais complexas com pronomes relativos, marcas temporais etc.

> Nota: referir é, portanto, "uma atividade de designação realizável por meio da língua sem implicar uma relação especular língua-mundo; remeter é uma atividade indexical na cotextualidade; retomar (correferenciação) é uma atividade de continuidade de um núcleo referencial" (KOCH, 2004, p. 59).

Por fim, no texto escrito, devemos lembrar que também é feita uma transformação complexa na estrutura para poder se referenciar ao discurso do outro. Isso é feito por recursos conhecidos como o discurso direto, indireto e indireto livre. Ao se trabalhar com atividades que contemplem a retextualização do oral para o escrito, esse recurso deve ser ensinado. Além disso, há uma forma bastante poderosa de se recontextualizar o discurso do outro por meio dos verbos introdutórios da fala. Vejamos o efeito que isso dá na comparação entre os dois trechos a seguir:

k. eu não sou a Malú... a Malú tem muitas histórias comigo...

l. "Eu não sou a Malú", refuta Thalita.

Na forma retextualizada (trecho *l*), o efeito de sentido é diferente da forma oral. No trecho *k*, ao ser questionada se ela era a personagem de seu livro "Malú", surge como reposta "Eu não sou Malú". No entanto, na escrita, o repórter introduz essa fala não como uma resposta, mas como uma refutação. Refutar não é só responder, mas também negar, contrariar, argumentar contra, desmentir, ou seja, carrega sentidos que vão muito além de um verbo mais sóbrio como responder, o que recontextualiza a fala da entrevistada. Esse processo é bastante comum ao nos reportarmos ao discurso do outro, pois imprimimos nele um tom diferente pelo verbo introdutório que usamos.

> **Nota:** usar o verbo introdutório não é apenas marcar a fala do outro, mas já interpretá-la. "Pode-se dizer que é praticamente impossível informar neutramente. Assim, o termo 'informação', no caso da opinião informada, é sempre a informação de um discurso interpretado" (MARCHUSCHI, 2007, p. 151).

3.2 FORMANDO ENTREVISTADORES

Agora, vamos entrar no mundo dos entrevistadores e entrevistados apresentando uma proposta que pode ser desenvolvida com os alunos do 5º até o 9º ano, basta aumentar o grau de dificuldade e mudar os assuntos de forma que fiquem mais adequados à faixa etária.

a. Atividade:

Entrevistando personalidades da comunidade ou assuntos importantes para o bairro.

b. Objetivos:

b1. Desenvolver o conhecimento do gênero entrevista no que diz respeito à leitura, produção e reflexão linguística.

b2. Trabalhar as diferenças entre a oralidade e a escrita por meio do processo de retextualização.

b3. Introduzir o aluno na prática social na qual circula o gênero entrevista.

c. Desenvolvimento:

Apresentação da situação: levantar os conhecimentos prévios dos alunos acerca do que é entrevista. Isso pode ser feito por meio de perguntas: *o que vocês conhecem sobre entrevista? Qual a última entrevista que se lembram de ter visto? Onde ouvimos ou lemos entrevistas? Para que servem as entrevistas? Gostamos de ver entrevistas com que tipo de pessoas ou quais assuntos?* As respostas que os alunos darão compõem o conhecimento prévio que eles possuem desse gênero e configuram-se como objeto que irá direcionar o trabalho do professor no sentido de escolher as entrevistas mais adequadas para análise, além da adequação dos procedimentos metodológicos. Por isso, seria bastante interessante anotar esses conhecimentos prévios para que sejam acionados quando necessário, tanto para o professor como para o aluno. No entanto, recomenda-se que esse primeiro momento seja oral. O professor pode fazer as anotações na lousa e depois pedir para um aluno ser o relator. A partir desse primeiro momento, apresentar a proposta de sequência.

Módulo 1: depois de apresentada a proposta de trabalho para os alunos, pedir que eles escolham uma personalidade que seja interessante para entrevistar ou um assunto que seja de interesse geral, chamar alguém que seja especialista e possa falar sobre esse assunto. É importante que os alunos saibam que a entrevista será publicada no final da sequência didática, seja em vídeo, seja escrita. Em vídeo, os alunos podem gravar a entrevista e editar para apresentar para as outras classes ou no dia da reunião de mães e pais. No outro caso, quando for publicada, o trabalho pode ser feito na forma de uma espécie de revista ou jornal (pode ser mural também). Voltando à escolha, nesse momento, se introduz o primeiro aprendizado necessário para apreender esse gênero. Para se escolher a pessoa ou o assunto, é necessário discutir por que alguns indivíduos são entrevistados e outros não, ou por que uns assuntos são escolhidos para serem discutidos por meio de entrevista e outros não. Pode-se pedir que os alunos pesquisem e levantem entrevistas na TV, em programas de jornal, de auditório e programas específicos de entrevista. Isso irá ajudá-los a entender esses critérios de seleção, quem são as pessoas entrevistadas e por que elas são escolhidas ou quais os assuntos discutidos nas entrevistas, quem é chamado para debater qual assunto. A partir dessa atividade, os alunos escrevem os critérios que irão adotar para escolher o entrevistado ou o assunto. Nesse momento, pode-se introduzir a figura de um chefe dos entrevistadores, que pode ser o professor mesmo ou um aluno escolhido. Todos os entrevistadores terão de justificar a sua escolha por meio de um texto que prove a importância do entrevistado ou do assunto para que seja aprovado.

Avaliação: Ler e discutir com os alunos as justificativas que produziram e por que foram ou não aprovados.

Módulo 2: Escolhidos os entrevistados, chega o momento de preparar as perguntas. Esse é um processo em que muito se pode aprender. Inicia-se com a discussão sobre quais tipos de pergunta podem ser feitas de maneira que se recolha o máximo de informação, mas de forma polida, com educação, sem ferir a imagem do entrevistado e sem transgredir o limite do interesse público e o mundo privado do entrevistado. Isso pode ser feito primeiramente levantando uma série de entrevistas que podem ser acessadas na Internet, para que os alunos possam analisar quais tipos de pergunta geralmente são feitas. Nesse momento, o professor pode

---

ATENÇÃO

é recomendável potencializar todos os momentos de produção textual possíveis. Dentro do processo de construção do gênero entrevista, não é só a entrevista que será escrita, mas, para se chegar até ela, outros textos terão de ser escritos, como carta de requerimento, justificativas das escolhas, projetos. Percebam, no entanto, que esses gêneros não são o foco do trabalho, portanto não devem ser cobrados em uma avaliação. Mas se a ideia é inserir os alunos na prática social, na esfera jornalística, então terão de passar por esses e outros textos.

mostrar a importância de se formularem perguntas que, embora na modalidade oral, precisam atender a uma linguagem mais formal (embora coloquial). Por isso, depois de redigir as perguntas, é necessário revisá-las atentando para as escolhas das palavras, para a concordância verbal e nominal, para questões de coesão, para os pronomes interrogativos etc. Pode-se também fazer um ensaio prévio para ver como será a *performance* dos entrevistadores. Sem esquecer, no entanto, que, como a entrevista na modalidade oral é próxima da conversa cotidiana, ela tem de manter a informalidade da interação, ou seja, deve parecer natural na hora do questionamento, deve permitir a reformulação da pergunta, caso seja necessário por conta do andamento da entrevista etc. Terminada essa etapa, procedem-se às gravações da entrevista, que podem ser feitas na sala de informática, gravadas em celular, na câmera digital da escola ou em outros recursos disponíveis, para, por fim, ser organizadas em um único arquivo e editadas como um programa. Um cenário único para realizar as entrevistas também poderá ser confeccionado.

Avaliação: neste momento, para avaliar o desempenho do aluno, seria interessante o professor analisar conjuntamente as gravações feitas.

Módulo 3: nesse módulo, como os alunos já fizeram a entrevista e já editaram o material, chega o momento da transcrição da entrevista. Nessa etapa, é necessário que se combine com os grupos quais marcas serão utilizadas na transcrição para destacar elementos da fala. Por exemplo, a hesitação pode ser marcada por ..., o que não se entende direito pode ser escrito entre parênteses (( )), e entre parênteses duplos pode colocar ações concomitantes ((tossiu)) e outros sinais necessários. Isso vai ajudar muito os alunos a perceber as marcas da oralidade, as marcas conversacionais, as referencias aos cenários que não se mantêm na escrita. Enfim, pode ser um material riquíssimo para entender as diferenças entre os gêneros orais e os escritos. O professor pode, inclusive, escolher alguns para uma análise mais profunda, mostrando ser necessário que percebam essas marcas e quais as que não poderão se manter na modalidade escrita e aquelas que poderão.

Avaliação: o professor pode, por meio do datashow, escolher uma das transcrições e avaliar conjuntamente os resultados.

Módulo 4: chega a hora da retextualização. Os alunos terão um espaço na revista ou no jornal (que pode ser mural) para montar o texto da entrevista que fizeram. Para isso, terão de fazer um levantamento de algumas entrevistas publicadas, para ver quais são as estruturas possíveis para escritura. Pode-se usar a entrevista analisada aqui para mostrar essas diferenças e quais são as questões às quais precisam ficar atentos. Esse momento é riquíssimo para trabalhar uma série de questões de análise linguística. Por exemplo, mostrar as formas que existem para se remeter ao discurso do outro como o discurso direto, indireto e indireto livre, além das marcas gráficas como o travessão, o uso das aspas, a introdução do discurso pelo pronome *que*, entre outras. Pode-se também levantar os verbos introdutórios e os sentidos que eles atribuem à fala, da mesma forma como analisamos aqui. É importante também mostrar a pontuação como recurso estilístico para representar marcas da fala, como, por exemplo, a exclamação, as reticências, o travessão para a digressão, entre outros. Ainda existem recursos da diagramação, caso seja digitado, como o negrito, maiúsculas para mostrar uma alteração na voz, o itálico etc.

Avaliação: escolher dois ou três textos para avaliar o resultado conjuntamente com a turma de alunos.

Módulo 5: depois da etapa anterior que desembocará na primeira versão, é necessário que o texto passe pela revisão criteriosa feita pelos próprios alunos. Por fim, é preciso adequar o texto à diagramação necessária e publicá-lo para a leitura dos outros alunos, da comunidade e das mães e dos pais.

d. Avaliação final: como se trata de uma atividade bastante abrangente, há vários aspectos que devem ser detectados na avaliação para que o professor possa saber se conseguiu atingir os seus objetivos. Primeiro, é necessário que ele, até como chefe do grupo de entrevistadores, possa perceber e anotar os problemas e os avanços em cada uma das etapas pelas quais os alunos passam. É preciso ficar atento também às tarefas pelas quais cada aluno se responsabiliza: se a entrevista for feita em grupo, atentar para avaliar o resultado das tarefas que cada aluno desempenha. Por exemplo, se um aluno é mais acanhado e não se predispõe a filmar a entrevista, não pode ser avaliado quanto a essa etapa, mas pode ser avaliado quanto ao aspecto pelo qual se responsabilizou, como fazer perguntas, montar o texto para ser publicado, revisar. Só é preciso atentar para que todos os alunos passem pelas etapas necessárias para o conhecimento das características do gênero.

3.3 PARA FINALIZAR

O gênero entrevista trabalhado no seu processo de retextualização apresenta uma série de elementos da produção textual, da leitura e da reflexão linguística que podem ser trabalhados pelo professor dentro de um contexto de tarefa motivador e que levem os alunos a se empolgarem com o que estão fazendo. Nesse processo, mostramos alguns itens importantes como marcas conversacionais, gírias, pronomes interrogativos e formalidade, entre outros. Contudo, é interessante que o professor perceba quais são as outras necessidades de aprendizagem que aparecem durante as atividades propostas para potencializar tudo o que precisa ser aprendido,uma vez que os alunos estão envolvidos na atividade e desejarão aprender para poder publicar um texto melhor e mais bonito porque outras pessoas, além do professor, irão lê-lo.

SUGESTÕES DE LEITURA

KERBRAT-ORECCHIONI, Catherine. **Análise da conversação**: princípios e métodos. São Paulo: Parábola Editorial, 2006.

MARCHUSCHI, Luiz Antônio. **Da fala para a escrita**: atividades de retextualização. 3. ed. São Paulo: Editora Cortez, 2001.

PRETI, D. (Org.) **Fala e escrita em questão**. Projetos Paralelos Nurc/SP. São Paulo: Humanitas, 2000.

REFERÊNCIAS BIBLIOGRÁFICAS

CASTILHO, Ataliba T. de. **A língua falada no ensino de português**. São Paulo: Contexto, 1998.

GOFFMAN, Erving. **A representação do eu na vida cotidiana**. 15. ed. Petrópolis: Vozes, 2008.

HOUAISS, Antônio. **Dicionário Houaiss da língua portuguesa**. 1. ed. Rio de Janeiro: Objetiva, 2001.

KOCH, Ingedore G. V. **Introdução à linguística textual**. São Paulo: Martins Fontes, 2004.

MAINGUENEAU, Dominique. **Análise de textos de comunicação**. 4.ed. São Paulo: Cortez Editora, 2005

MARCHUSCHI, Luiz Antônio. **Fenômenos da linguagem**: reflexões semânticas e discursivas. Rio de Janeiro: Lucerna, 2007.

_____. Gêneros textuais: definição e funcionalidade. In: DIONÍSIO, A. P. (org.) **Gêneros textuais e ensino.** Rio de Janeiro: Lucerna, 2002.

MARTELOTTA, Mário Eduardo; LEITÃO, Márcio. Discursivização do verbo *saber*. In: MARTELOTTA, Mario Eduardo; VOTRE, Sebastião Josué; CEZARIO,Maria Maura.(orgs.). **Gramaticalização no Português** – uma abordagem funcional. Rio de Janeiro: Tempo Brasileiro – UFRJ, 1996,. P.293-308.

80 *Série* A reflexão e a prática do ensino

ANEXO

Exemplos retirados dos inquéritos NURC/SP n.º 338 EF e 331 D.

Ocorrências	Sinais	Exemplificação
Incompreensão de palavras ou segmentos	( )	Do nível de renda...( )Nível de renda nominal...
Hipótese do que se ouviu	(hipótese)	(estou) meio preocupado (com o gravador)
Truncamento (havendo homografia, usa-se acento indicativo da tônica e/ou timbre)	/	E come/ e reinicia
Entonação enfática	maiúsculas	Porque as pessoas reTÊM moeda
Alongamento de vogal ou consoante (como s, r)	:: podendo aumentar para :::: ou mais	Ao emprestarem os... éh::: ... o dinheiro
Silabação	-	Por motivo tran-sa-ção
Interrogação	?	E o banco... Central... certo?
Qualquer pausa	...	São três motivos... ou três razões... que fazem com que se retenha moeda... existe uma... retenção
Comentários descritivos do transcritor	((minúsculas))	((tossiu))

Ocorrências	Sinais	Exemplificação
Comentário que quebram a sequência temática da exposição; exposição; desvio temático	-- --	... a demanda da moeda -- vamos dar essa notação -- demanda de moeda por motivo
Superposição, simultaneidade de voz	Ligando as linhas	A. na casa da sua irmã B. sexta-feira? A. fizeram lá... B. cozinharam lá?
Indicação de que a fala foi tomada ou interrompida em determinado ponto. Não no seu início, por exemplo.	(...)	(...) nós vimos que existem...
Citações literais, reprodução de discurso direto ou leituras de textos, durante a gravação	" "	Pedro Lima...ah escreve na ocasião... "O cinema falado em língua estrangeira não precisa de nenhuma baRREIra entre nós"...

OBSERVAÇÕES:

Iniciais maiúsculas: não se usam em início de períodos, turno e frases;

Fáticos: ah, éh, eh, ahn, ehn, uhn, tá (não por está: tá? Você está brava?);

Nomes de obras ou nomes comuns estrangeiros são grifados;

Números por extenso;

Não se indica o ponto de exclamação (frase exclamativa);

Não anota o cadenciamento da frase;

Podem-se combinar sinais. Por exemplo: oh::: ... (alongamento e pausa)

Não se utilizam sinais de pausa, típicos da língua escrita, como ponto-e-vírgula, ponto final, dois pontos, vírgula. As reticências marcam qualquer tipo de pausa.

4

Variações linguísticas e os diversos gêneros da esfera da vida pública, profissional e familiar

O ensino de língua portuguesa pauta-se, hoje, não por uma normatividade ou prescrição de como agir linguisticamente nas diversas práticas sociais. Ao contrário disso, propõe que precisamos desenvolver, junto ao aluno, uma série de habilidades que ele possa mobilizar no sentido de agir de forma competente nas diversas práticas sociais. No centro do ensino está, então, a língua, mas na sua dimensão discursiva, ou seja, desenvolvermos a competência comunicativa e a língua é um meio para atingir tal competência. Precisamos, para isso, ter em mente duas questões básicas: primeiro, que o aluno já é usuário da língua e, como tal, vai desenvolver uma competência que já utiliza; segundo, cada evento comunicativo de que o sujeito participa possui características próprias em relação ao contexto, ao papel que os interlocutores devem assumir e aos gêneros específicos, ou seja, o evento comunicativo não se submete à prescrição ou a uma normatividade, mas a uma adequação a certos parâmetros relativamente estáveis.

Em relação à primeira questão, temos de ter a sensibilidade de perceber que o aluno já age linguisticamente na sociedade, nos meios em que vive, seja na comunidade, seja na família. Vivendo nesses meios, ele desenvolve o uso da língua, em um número restrito de situações comunicativas, mas um uso que é suficiente para ele viver nesses meios. Nesse sentido, ele sabe assumir o papel de filho, de irmão etc., dentro de uma família ou interagindo com os amigos e nos lugares que frequenta dentro da comunidade onde mora, por meio da variante linguística utilizada nesses meios. Ao entrar na escola, esse mesmo aluno deverá ter contato com outros contextos e práticas sociais que o farão ampliar esse leque de participação linguística na sociedade em uma dinâmica que trará, paulatinamente, situações de usos linguísticos mais complexos, com variações mais complexas, papéis sociais mais complexos para, dessa forma, ele se tornar competente discursivamente. Contempla-se, dessa forma, a segunda questão citada aqui.

Essas ponderações nos levam a alguns posicionamentos como: se o aluno já sabe se adequar, mesmo antes de entrar na escola, a certo número de situações comunicativas, não podemos ensinar-lhe a língua como se ele não a conhecesse. Depois, não se trata apenas de ensinar a língua, mas uma competência comunicativa que possa dar-lhe condições de agir em situações as mais diversas. Por fim, se são as situações que determinarão as formas como o indivíduo usará a língua, necessitamos ensinar por meio de um princípio que possa abarcar a concepção de variação linguística. Essa concepção propõe entendermos que a língua varia em situações diferentes em escalas de registros, dialetos e nas modalidades oral e escrita.

> **ATENÇÃO**
>
> *Ensinar o uso da língua em situações diferentes e mostrar que são essas situações que determinam os papéis sociais ajuda o aluno a entender por que as pessoas falam de modo diferente. Isso pode contribuir para a percepção de uma diversidade social, combatendo preconceitos.*

4.1 DIALETOS

Para iniciarmos um aprofundamento sobre a variação, vejamos três exemplos que orientarão nossas ponderações:

EXEMPLO 1

Um bilhete deixado por um adolescente para a sua mãe que não fica em casa durante o dia, pois trabalha.

Mãe,

A aula foi manera hoje. A prô pediu pra levar dez paus amanhã pra gente fazer um presente pro dia dos pais. É um negócio muito lôco. Dexaí que eu pego, valeu.

Toni.

Capítulo 4 Variações linguísticas e os diversos gêneros da esfera da vida pública, profissional e familiar **87**

EXEMPLO 2

Ilmo. Sr. Marcos Ferreira – Departamento do Pessoal.

Venho solicitar, por meio desta, soluções imediatas para o caso da funcionária deste departamento, Ana Luiz Martins, acerca dos problemas que vem apresentando e que já são do seu conhecimento.

Atenciosamente,

Carlos Veiga – Departamento de contabilidade.

EXEMPLO 3

"Outro dia eu vinha pela rua e encontrei um mandinho, um guri desses que andam sem carpim, de bragueta aberta, soltando pandorga. Eu vinha de bici, descendo a lomba pra ir na lancheria comprar umas bergamotas..."

*(RAMIL, Kledir. Língua brasileira. In:**Tipo assim**. Porto Alegre: RBS Publicações, 2003.)*

Por meio desses três exemplos, podemos refletir sobre a questão da variação dialetal. Usaremos, aqui, a organização utilizada por Travaglia (2002) para sistematizar as diferentes marcas dialetais.

Para o autor, há uma **variação dialetal na dimensão da idade** que faz com que as pessoas falem de modo diferente dependendo da sua faixa etária. Dessa forma, não haveria uma maneira correta que todos devem usar para se comunicar, mas, dependendo da idade, usos diferentes ocorrem e, mais, também dependendo da idade, temos de organizar a nossa fala de modo diferente para que seja entendida.

Podemos detectar isso no *exemplo 1*: trata-se de um adolescente, por isso, há certos usos típicos dessa faixa etária. Uma primeira

Nota: segundo Travaglia,"Os dialetos são as variedades que ocorrem em função das pessoas que usam a língua (...) já os registros são as variedades que ocorrem em função do uso que se faz da língua" (2002 – p. 42).

88 *Série* A reflexão e a prática no ensino

Gíria: "(...)fenômeno de grupo restrito (...) caracterizada como um vocabulário especial, a gíria surge como um signo de grupo, a princípio secreto, domínio exclusivo de uma comunidade social restrita (...) Quanto maior for o sentimento de união que liga os membros do pequeno grupo, tanto mais a linguagem gíria servirá como elemento identificador, diferenciando o falante na sociedade e servindo como meio ideal de comunicação, além de forma de autoafirmação"(PRETI, 1984, p. 3).

possibilidade é a marca clara da oralidade em um bilhete escrito. Os adolescentes têm (mesmo estando inseridos em um mundo da escrita formal) a característica de trazer marcas da oralidade em seus textos escritos e percebemos esses traços por meio do uso de certas gírias(*manera, loco*), certas abreviações (*pra, prô*) e pela linguagem coloquial (*dez paus, é um negócio muito lôco*). Imaginemos que, em lugar do adolescente, fosse um falante na faixa dos 40 anos; talvez pudéssemos ter um texto assim (supondo, agora, que a interlocutora fosse sua esposa):

> *"A aula foi bastante interessante. A professora pediu pra levar dez reais que nós vamos fazer um trabalho para o dia dos pais. É um negócio bem legal. Deixa em cima da geladeira que eu pego. Obrigada."*

ATENÇÃO

precisamos ficar atentos aos gêneros e em quais esferas circulam. Um gênero bilhete em uma esfera familiar pede um texto escrito com muitas marcas da oralidade. Em uma esfera administrativa, um bilhete para um chefe já possuiria marcas mais próximas da escrita e menos marcas orais. Aqui, atuam os níveis de registros que veremos mais adiante.

Excetuando a questão temática (uma pessoa de 40 anos não faria um presente na aula para o dia dos pais), podemos perceber que as marcas de gírias e oralidade mais presentes na faixa etária dos adolescentes somem, embora ainda haja marcas de oralidade tendo em vista que se trata de um bilhete. Esse gênero circula entre um registro informal e pessoal, que faz manter a marca de oralidade. No entanto, constatamos a mudança da gíria *manera* por *bastante interessante*, em vez de *dez paus, dez reais, prô* por *professora*. As abreviações no uso *do para (pra)* continuam, por conta da informalidade.

É importante analisar as características dessas marcas para que o professor possa esclarecer aos alunos, em momentos de atividade, por que as pessoas falam de um jeito ou de outro, até porque as mesmas marcas podem ter origens diferenciadas. Vimos, aqui, um exemplo de variação dialetal na dimensão de idade, no entanto esse uso pode ser proveniente de uma **variação dialetal na dimensão social**. Nesse caso, as marcas do uso linguístico têm relação com as classes sociais (nível de escolaridade, por exemplo), os grupos sociais (de profissões, por exemplo). Por isso, dizemos que as variações têm diferentes matizes que se sobrepõem. As marcas que encontramos no bilhete do adolescente podem ser relativas à sua classe social. Dizemos que isso poderia ser possível, pois, como mostramos, esse uso pode ter uma origem que não seja a variação de classe social. No entanto, é necessária muita atenção do professor, tendo em vista que o indivíduo não pode ficar estigmatizado por usar uma variedade x ou y e ser chamado de "burro" ou de pessoa com pouco estudo. É necessário aprender essa variedade em uma perspectiva de uso. Dependendo dos traços da pessoa ou da comunidade com a qual a pessoa irá interagir, terá de ficar atenta ao vocabulário, linguagem mais coloquial ou mais formal etc. Lembremos que esse tipo de estudo deve sempre ser marcado pelo desenvolvimento da competência discursiva e do uso da língua e nunca para reconhecer traços estereotípicos negativos.

> **Estereótipos:** são blocos de conhecimento necessários para entendermos o mundo (KOCH, 2002). No entanto, quando usamos esse conhecimento para enquadrar as pessoas, sem conhecer sua individualidade ou sem respeitar suas diferenças, o conhecimento estereotípico vem como uma série de traços enraizados que nos fazem agir com preconceitos.

Essa variação na dimensão social é perceptível também no segundo exemplo, tomando um gênero típico da esfera profissional dos funcionários administrativos. Trata-se de um memorando que circula preferencialmente nesse setor e que utiliza jargões típicos desse grupo social, como as expressões *"departamento do pessoal, departamento de contabilidade"*, além da formalidade que se impõe com *"Venho, por meio desta, solicitar"* (veja o uso do verbo *solicitar* em vez de *pedir*). Isso tudo tem relação, também, com o grau de registro que, nesse caso, é formal.

Retomando o *exemplo 1*, podemos ainda explorá-lo numa **variação dialetal na dimensão do sexo**, ou seja, as marcas mostram ser provenientes de um uso masculino, pois, se fosse do sexo feminino, talvez tivéssemos uma construção mais próxima dessa:

> *"Mãe, a aula foi gracinha hoje. A prô pediu pra levar dez reais pra gente fazer um presente pro dia dos pais. É um negócio lindinho. Deixaí que eu pego,*
>
> *Beijinho,*
>
> *Amanda.*

Veja, nesse caso, que o uso das expressões *"gracinha, lindinho e beijinho"* são palavras que, além de mais comuns no uso pela mulher, possuem o diminutivo que dá um grau de afetividade mais comum à sensibilidade feminina. Em nossa sociedade, marcada por estereótipos, o uso dessas expressões por homens remeteriam a um grupo social dos homossexuais masculinos, o que entraria na dimensão da variação dialetal social.

Já falamos em variação dialetal de idade, sexo, social. Falemos, agora, da **dimensão territorial ou regional**. No *exemplo 3*, percebemos claramente isso em um trecho de depoimento constante na crônica *Língua Portuguesa*. Por se tratar da fala de um típico gaúcho, temos as marcas nos sentidos das palavras da forma como circulam nessa região. Embora as palavras possam ser reconhecidas em outras regiões, elas ganham sentidos diferentes dentro desse texto que circula nesse território específico. Se pensássemos em outra região, como São Paulo, poderíamos ter uma fala assim:

> *"Outro dia eu vinha pela rua e encontrei um menino, um moleque desses que andam sem meias, de braguilha aberta, soltando pipa. Eu vinha de bibicleta, descendo a ladeira pra ir à lanchonete comprar umas mexericas..."*

Esse tipo de variação é muito comum mesmo em regiões diferentes dentro de um mesmo estado, pois tem relação direta com a origem da comunidade que pode ser de outra nacionalidade ou mesmo de outro estado dentro do Brasil.

4.2 REGISTROS E MODALIDADES

Já mencionamos aqui algumas marcas das modalidades oral e escrita e o grau de formalismo que também deixam sinais no uso da língua. Podemos lembrar, a partir da discussão do capítulo anterior sobre retextualização, que não existe o texto puramente oral ou puramente escrito, mas são duas modalidade que se intercalam, podendo hora predominar uma, hora outra. Por isso, os textos são classificados em uma escala que vai do mais oral para o mais escrito, como bem mostrou Marchuschi (2002, p. 41). Veja a figura a seguir:

Capítulo 4 Variações linguísticas e os diversos gêneros da esfera da vida pública, profissional e familiar 91

ORALIDADE E LETRAMENTO

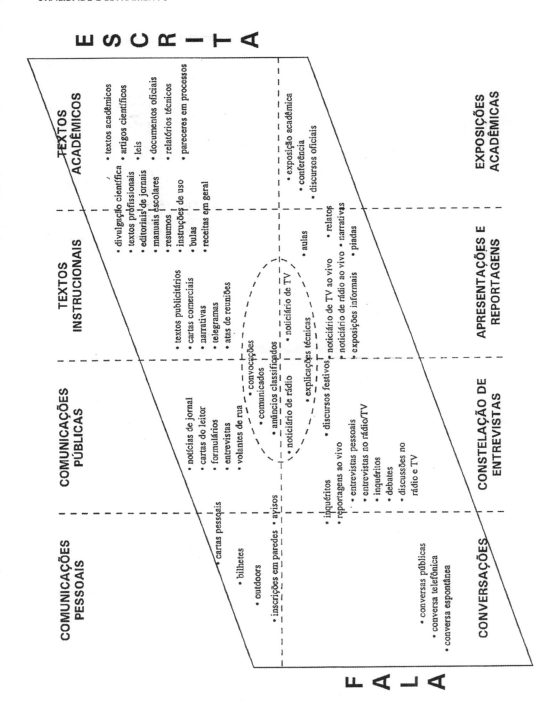

Por esse esquema, o professor pode se orientar em que medida deve explorar as marcas da oralidade e da escrita presentes no gênero escolhido. Vejamos o *exemplo 4* em que se reproduz o início de uma reunião de negócios:

EXEMPLO 4

*Locutor 1: vamos dar início à nossa reunião de hoje ... cujo tema será a PARTICI-PAÇÃO OU NÃO dos funcionários num sistema de lucro ... eh:: a pedido da chefia, foi proposta uma pesquisa na contabilidade para ver a relação entre um custo maior com os funcionários e :: uma motiva*ção a mais para a produção...

Apesar de uma reunião ser prioritariamente na modalidade oral, vemos, no texto, marcas de formalidade que remetem às características escritas da língua, como se o locutor estivesse reproduzindo, na fala, um texto escrito. Isso ocorre, pois, no gênero escolhido "*reunião de negócios*", os papéis sociais assumidos, a formalidade, fazem o locutor ter uma preocupação maior com o uso mais formal da língua e mais próximo do escrito. Veja o uso de orações subordinadas, pronome *cujo* (típico da escrita), não utilização de repetição de palavras, entre outros recursos.

Além disso, nesse exemplo, predomina um grau formal no uso da língua falada. Para Travaglia (2002), no modo oral, possuímos os seguintes graus de formalidade: oratório, formal, coloquial, coloquial distenso e familiar. Na modalidade escrita, temos: hiperformal, formal, semiformal, informal e pessoal. Harmonizado com essas classificações, os professores podem propor situações diferentes de aprendizagem para que os alunos tenham contato com todos os graus de formalidade, exigindo de si próprios um uso mais ou menos formal da língua, dependendo do contexto em que a utilizam.

4.3 EXPLORANDO OS GÊNEROS BUROCRÁTICOS DA ESCOLA

a. *Atividade:* gêneros burocráticos.

b. *Objetivos:* trabalhar as marcas das variações linguísticas, no

Capítulo 4 Variações linguísticas e os diversos gêneros da esfera da vida pública, profissional e familiar **93**

que diz respeito à dimensão dialetal, aos graus de formalismo e às marcas da oralidade e da escrita na esfera burocrática.

c. Desenvolvimento:

Apresentação da atividade: discutir com os alunos quais são os grupos sociais que existem na comunidade escolar e de que forma eles se comunicam como grupos. Ou seja, quando um grupo ou um indivíduo de certo grupo precisa conversar com outro, qual a forma que usam para se comunicar.

Módulo 1: em um primeiro momento, o professor pode fazer um levantamento de todos os gêneros, sejam os mais orais, sejam os mais escritos, que se usam dentro da escola. Fazendo esse levantamento, por certo, encontrará uma série de reuniões (reunião pedagógica, reunião do conselho de escola e do conselho de classe, reunião de representantes de alunos, reunião de pais etc.), uma série de documentos, como requerimentos, pedidos, comunicados escritos (da comunidade para a escola, dos alunos para a escola, da escola para os alunos e das escolas para diretorias de ensino etc.). Levantados esses contextos e esses gêneros, o professor pode selecionar aqueles que serão utilizados em sua sequência didática. Esse primeiro módulo pode já ser feito com o aluno.

Depois da explicação introdutória sobre a atividade, os alunos podem sair a campo (na própria escola) com um questionário para ver quais são os textos escritos ou falados que mais circulam no âmbito escolar e, a partir da tabulação, o professor pode selecionar aqueles que utilizará. Nessa primeira etapa, muito pode ser aprendido, como a montagem de uma pesquisa. Para fazer essa montagem, o professor pode selecionar alguns modelos de questionário fechado (para facilitar o trabalho) e ler junto com o aluno para que ele possa produzir o seu (pode-se realizar isso em pequenos grupos, até chegar-se ao produto final). Nesse momento, o professor já pode chamar a atenção para as características da variação a ser utilizada: as agências de pesquisa (que podem ser acessadas na Internet) possuem pesquisadores que fazem parte de um grupo social determinado e que, nessa situação, produzem um texto mais polido, mais formal, mais de acordo com as normas da gramática tradicional. Com base no material selecionado, para assumir o papel de pesquisador perante a comunidade escolar, o aluno terá de montar um texto-pesquisa que possa atender às necessidades dessa variação. Pode-se propor que eles escrevam um texto introdutório para ser falado ao abordar as pessoas. Nesse texto, é necessário discutir o que será um texto escrito, formal,

> **Nota:** o questionário pode seguir o modelo fechado para perguntas, por exemplo:
> Quando precisa avisar algo para os alunos, você costuma:
> a. passar de sala em sala comunicando;
> b. pedir para alguém fazer o comunicado;
> c. usar um cartaz;
> d. passar uma circular;
> e. utilizar outras formas de comunicação.
> O importante é potencializar todas as etapas, que se configuram como momento de aprendizagem da leitura e da produção textual.

mas com marcas da oralidade, pois será falado no final, logo, precisa estar entre o formal e o coloquial.

Avaliação: a produção do texto para a abordagem e para a pesquisa pode ser instrumento de avaliação dos alunos.

Módulo 2: vamos considerar a hipótese de que os textos que resultaram da pesquisa são: reuniões, comunicados falados e escritos. O professor propõe, primeiramente, que um ou dois alunos possam participar das reuniões que acontecem na escola com o intuito de colher as informações sobre o que foi discutido e sobre o que foi decidido. É necessário escolher dois alunos que sejam ágeis na escuta e na escrita. Se não for possível, pode-se propor que gravem a reunião para, depois, ouvirem com mais atenção. Esses alunos, então, registram aquilo que foi mais importante, distribui cópias para o restante da classe, e cada grupo de alunos ficará responsável por produzir um comunicado escrito para grupos diferentes. Por exemplo, os pais, os alunos das séries iniciais, os alunos do ciclo II, do ensino médio, para os funcionários e professores da escola.

Avaliação: nesse caso, é importante avaliar as anotações que os alunos trazem da reunião para verificar sua pertinência. Tendo em vista que outros alunos, posteriormente, podem assumir esse papel, é importante que todos discutam o que e como foi registrado pelos representantes. Em um segundo momento, os comunicados podem também servir de elemento para avaliação.

Módulo 3: assim, cada grupo passa a construir, com as informações nas mãos, um comunicado escrito para o grupo que escolheu. Depois que todo mundo fizer a primeira versão, o professor poderá escolher alguns textos e discutir conjuntamente as marcas que mostram a variedade dos grupos sociais diferentes e das idades diferentes. Por exemplo, quais as palavras mais adequadas para comunicar para indivíduos da faixa etária comum às séries iniciais, às séries finais, aos pais que estão em faixa etária, geralmente, mais acima. Além disso, como adequar o texto à variedade de grupo social?

É uma comunidade mais ou menos carente de educação? É possível utilizar alguns jargões típicos de professores, da comunidade? De que região essa comunidade provém prioritariamente? Esse momento é bastante rico para o professor ensinar traços da gramática e traços do uso coloquial, dependendo do público que, também, pode exigir um texto com marcas mais oralizadas. Terminada essa etapa, o professor pede que os alunos afixem os comunicados nos locais disponíveis para tal.

Avaliação: para verificar se os objetivos foram alcançados, o professor poderá utilizar os próprios cartazes que os alunos produziram ou poderá pedir que produzam outro comunicado, de forma mais autônoma, para detectar a maneira pela qual se apropriaram das discussões desenvolvidas nessa sequência.

4.4 OS DIVERSOS MODOS DE FALAR DA ESCOLA E DA COMUNIDADE: A VARIAÇÃO DIALETAL

a. Atividade: variação regional.

b. Objetivo: levantar e analisar os diversos modos de falar regionais que circulam na comunidade, procurando marcas linguísticas dos papéis sociais em gêneros da esfera familiar.

c. Desenvolvimento:

Apresentação da atividade: para apresentar a proposta, um bom recurso é levantar a problemática das variações regionais por meio de algum texto, conto, filme ou documentário em que ela possa ser colocada em evidência.

Módulo1: para iniciar esse trabalho, pode-se começar com um levantamento dos lugares de onde vêm os alunos e os seus pais. Feito isso, propõe-se ao aluno gravar conversas cotidianas que tem com seus pais para depois analisá-las. Não é necessário que todos façam a gravação, pode-se separar a sala em grupos, e cada grupo pode estudar a melhor alternativa de encaminhar essa gravação.

Avaliação: ouvir com os alunos todas as gravações para apurar o valor do material coletado.

Módulo 2: feita a gravação, propõe-se que todos ouçam e escolham o que destacariam em relação aos diferentes modos de falar. Pode-se levantar hipóteses de todos os tipos, como variações de prosódia, semânticas, de concordância. Essa primeira etapa é para testar e aguçar a percepção dos alunos quanto às diferenças. Além disso, discute-se, para cada hipótese de variação, uma hipótese de explicação vinda dos próprios alunos. Nessa fase, o professor deve ficar atento a duas questões: primeiro, o caráter da seriedade do trabalho, pois, possivelmente, ocorrerão risos em relação aos diferentes modos de falar. O professor precisa sempre problematizar esses risos para que não permaneça o olhar preconceituoso, mas para que fique o olhar para o diferente. A

> **Nota:** como indicação, há o documentário Língua: Vidas em Português, do diretor Victor Lopes (2003). Há trechos disponíveis em: <www.youtube.com>.

> **Nota:** não é preciso se preocupar com a naturalidade da conversa, visto que sempre, sob gravação, as pessoas ficam mais formais. O trabalho pode ser feito, naturalmente, com uma conversa sobre um assunto preestabelecido.

segunda questão é se ater ao objetivo, que é a preocupação com as marcas das variações regionais. Outras marcas de outras variações dialetais surgirão, marcas que o professor deve explorar também, mas sempre focalizando e se aprofundando nas marcas regionais (caso queira manter o objetivo). Passado esse momento, os alunos podem registrar as discussões em um relatório para não perder as conclusões preliminares às quais chegaram.

Avaliação: por meio dos relatórios, detectar o que os alunos registram que, de certa forma, revela o que estão aprendendo com a sequência.

Módulo 3: o professor propõe que os alunos se aprofundem na questão para explicar as variações que ocorrem. Para isso, pede aos alunos que transcrevam as falas selecionadas para poder olhar mais demoradamente as ocorrências. Nesse momento, além do auxílio do professor, os alunos podem consultar gramáticas, livros didáticos, entre outros. É interessante que o professor possa também selecionar as maiores ocorrências e sistematizar as explicações junto com os alunos. Para ter um modelo de explicação, veja as ocorrências nos exemplos apresentados aqui.

Avaliação: pedir que os alunos registrem a transcrição e mostrem o que está em maior ocorrência. Ao apresentar isso, o professor pode avaliar as percepções.

Módulo 4: finalizado esse processo, os alunos sistematizam a versão final dos seus relatórios para o professor. Para esse relatório, é interessante que o professor respeite o desenvolvimento da turma, sua faixa etária, o tempo e as etapas necessárias para efetivar o texto. Por isso, é interessante uma proposta de primeira versão, que passará pela revisão até ser passada a limpo (editorada).

d. Avaliação final: de posse dos relatórios, o professor avalia as considerações que os alunos fizeram em relação aos olhares possíveis para a variação dialetal na dimensão regional.

> Nota: ver tabela de transcrição ao final do Capítulo 3.

4.5 PARA FINALIZAR

Como vimos, focalizar as variações linguísticas, em sala de aula, pode contemplar uma série de questões a ser aprendidas. Além de oportunizar o trabalho com os usos da gramática em contextos diversos, faz com que o aluno aprenda a se adequar em diferentes práticas sociais, tomando o uso da língua não como regra, mas como adequação. Isso somado à questão transversal do ensino da diversidade social. Esse enfoque possibilita que o aluno veja as marcas das diferenças regionais, de sexo, sociais e etárias, sem um olhar preconceituoso, mas respeitando esse outro diferente, considerando a sua própria variação e sabendo usar as variações adequadas aos diversos contextos de uso linguístico, nas mais diversas interações com diferentes sujeitos.

SUGESTÕES DE LEITURA

Hora, Demerval da. (org.). **Diversidade linguística no Brasil**. João Pessoa: Ideia, 1997.

DIAS, Ana Rosa Ferreira. **O discurso da violência** – as marcas da oralidadeno jornalismo popular. 2. ed. São Paulo: Cortez, 2003.

PRETI, Dino. *Sociolingística–os níveis de fala*. 7. ed. São Paulo: Edusp, l994.

REFERÊNCIAS BIBLIOGRÁFICAS

KOCH, Ingedore V.G. **Desvendando os segredos do texto**. São Paulo: Cortez Editora, 2002.

PRETI, Dino. **A gíria e outros temas**. São Paulo: T. A. Queiroz, 1984.

TRAVAGLIA, Luiz C. **Gramática e interação**: uma proposta para o ensino de gramática no 1.º e 2.º graus. 8. ed. São Paulo: Cortez Editora, 2002.

5

A arte da argumentação

Neste capítulo, trabalhamos questões ligadas à argumentatividade aplicadas, principalmente, ao artigo de opinião. Entendemos que, para a formação completa de um indivíduo, o uso de textos predominantemente argumentativos, em sala de aula, é primordial, tendo em vista que não formamos apenas pessoas que conhecem o mundo, mas que tomam posicionamento diante dele e agem sobre ele. Tudo isso constituído no interior de um movimento de interação que pressupõe o outro. Conhecer o mundo é ter acesso à cultura, à ciência, à religião e às suas respectivas histórias, porém só ter acesso faz o indivíduo, no máximo, descrever o mundo, no entanto, ao construir sentidos para esse mundo, ele assume um posicionamento e se engaja nele. Tomar posicionamento é ter opinião, ter um ponto de vista, criar hipóteses, e isso só ocorre se existe o outro sobre o qual agimos a fim de sustentar nossa opinião, convencendo-o ou persuadindo-o e, ainda, acima de tudo, ouvindo-o.

Nota: embora o exercício da argumentação e a Retórica como área de estudo da argumentação floresçam em Atenas, a Retórica tem seus primórdios na Sicilia grega por volta de 465 a.C., após expulsão dos tiranos. Para retomar suas propriedades, os cidadãos iniciaram uma série de processos judiciários. Como não havia a figura do advogado, as pessoas precisavam de um meio para defender os seus interesses. Isso abriu espaço para o siracusano Córax criar uma coletânea de preceitos para ajudar na argumentação daqueles que recorressem à Justiça. É a primeira vez que se tem consciência do ato argumentativo. Por isso, Córax é considerado o inventor do argumento, e seu surgimento está ligado ao discurso judiciário (REBOUL, 1998).

Retórica: em sentido lato, provém do grego rêthorikê, derivado de rhêthor, orador. Foi concebida tanto quanto uma arte (saber fazer) como uma teoria da construção dos discursos, focalizando as propriedades a eles relacionadas.

Nota: a primeira grande queda dos estudos da argumentação se dá, exatamente, quando Roma conquista a Grécia e institui um governo autoritário. Sem espaço democrático, os estudos retóricos voltam-se para o exercício do belo e não mais do argumento.

Essa discussão que estamos desenvolvendo só é possível porque estamos em uma sociedade democrática. Nesse tipo de sociedade, podemos expor e defender nossos pontos de vista; aliás, isso é condição essencial para uma democracia de fato, e não uma democracia ilusória. Tanto é assim, que os estudos da argumentação tiveram seu primeiro auge na Grécia antiga, mais especificamente em Atenas, que foi a primeira sociedade a abraçar a ideia de democracia.

Claro que a democracia era restrita; havia outro contexto democrático em que os homens eram considerados cidadãos, mas não as mulheres e praticava-se a escravidão. Mas, ainda assim, é a primeira manifestação da democracia e, para que o indivíduo pudesse se considerar um cidadão, tinha de defender seu ponto de vista político em praça pública. É no interior dessa prática que filósofos começam a se especializar na técnica retórica de argumentação, assumindo o papel de professores de Retórica para a população aprender a defender seus posicionamentos diante do poder público. Como o comprometimento desses primeiros professores estava na defesa do verossímil e não de uma verdade científica, religiosa, ou verdade única, foram desacreditados por outros filósofos. Os defensores da verossimilhança na argumentação ficaram conhecidos como sofistas, que gozaram por muito tempo de má reputação (ABREU, 2006). Depois, outros filósofos importantes reconstruíram as bases e o contexto da Retórica relacionada à defesa da verdade, mas sempre a colocando como algo que defendia a verdade, e a verdade era aquilo que os filósofos definiam como tal.

Esse pequeno preâmbulo nos mostra que é preciso haver uma sociedade democrática para que o indivíduo possa defender uma opinião e argumentar. Em sociedades autoritárias isso não é possível. Tanto é verdade que, quando Roma conquistou a Grécia e instaurou o seu poder autoritário, os estudos da argumentação no interior da Retórica perderam espaço e a Retórica passou a trabalhar não com o componente argumentativo, mas com o belo. Como predominava, nessas duas sociedades, o papel do orador sobre o escriba, a Retórica passou a se preocupar com as palavras belas, com o efeito estilístico. Tanto que, com o passar dos séculos, a Retórica passou a ser conhecida como o lugar onde se estudam as figuras de linguagem, dando espaço para, já no século XIX, o aparecimento de outra área de estudo, a Estilística.

Tendo clareza de que, em uma sociedade autoritária, não cabem posicionamentos diversos, mas somente em uma sociedade democrática, é que podemos dizer que, no Brasil, o exercício da argumentação ainda está em desenvolvimento. Isso porque passamos por uma ditadura que terminou em 1985. O que implica dizer que a nossa sociedade ainda está se encaminhando para um exercício cada vez mais efetivo da democracia, por meio das manifestações dos diferentes pontos de vista. Tanto é que, ainda, confundimos ter senso crítico com falar mal ou querer impor nossa opinião sobre os outros. Ainda temos dificuldades de organizar o nosso discurso argumentativo, pois ainda preferimos não discutir amplamente, mas nos respaldar no autoritarismo. Por fim, ainda não temos clareza de que, para argumentar, é necessário que haja o outro. Argumentamos porque existe o outro e existe a opinião do outro, por isso temos de aprender a ouvir. É claro que a escola é o espaço privilegiado para o desenvolvimento dessas ações.

É importante destacar que somente em meados do século XX se restabeleceram os estudos da argumentação, pois também é o período em que voltaram a se consolidar as sociedades democráticas. Dessa forma, alguns autores de destaque, como o filósofo do Direito Chaim Perelman, sua esposa, Lucie Olbrechts Tyteca, e o linguista Oswald Ducrot, retomaram os estudos retóricos da argumentação, a partir do que já se havia feito na Grécia Antiga. A diferença dessa retomada é que a argumentação passa a não ser apenas parte dos estudos da Retórica, mas também da linguística textual, da semântica, da análise do discurso. Oswald Ducrot defendeu, em suas pesquisas sobre semântica (1987), que a argumentatividade é um componente intrínseco da linguagem e não havia como separá-las. Nesse sentido, em qualquer atividade linguística, há o componente argumentativo e estamos, a todo o momento, agindo de forma a convencer ou persuadir o outro.

Ampliando a ideia, lembramos que Bakhtin afirmava, em *Marxismo e Filosofia da Linguagem* (1992), que a palavra é uma arena ideológica, onde se conflituam os diversos posicionamentos. A *Análise do Discurso* (MAINGUENEAU, 2005) apropriou-se desse conceito, defendendo que nenhum discurso é desprovido da ação de um sobre o outro e que agir sobre o outro é fazê-lo aderir a um posicionamento.

Nesse movimento, a Linguística Textual veio mostrar que todos os textos são argumentativos, porém alguns podem ser compostos, predominante e explicitamente, por sequências argumentativas ou não. Há, por exemplo, textos predominantemente narrativos que defendem um ponto de vista, por isso são altamente argumentativos, mas sem usar sequências argumentativas.

> **ATENÇÃO**
>
> *O exercício de ouvir começa pelo professor e, depois, pelo envolvimento do aluno e de toda a escola. Como figura privilegiada, o professor pode iniciar esse movimento. Ouvir, porém, não é deixar que o outro fale para continuarmos a fazer e pensar do mesmo jeito, mas incorporar a fala do outro naquilo que falamos e redirecionar a dinâmica, quando necessário.*

Série A reflexão e a prática no ensino

Vejamos os textos 1 e 2, abaixo:

Texto 1: A Verdade

Uma donzela estava um dia sentada à beira de um riacho, deixando a água do riacho passar por entre os seus dedos muito brancos, quando sentiu o seu anel de diamante ser levado pelas águas. Temendo o castigo do pai, a donzela contou em casa que fora assaltada por um homem no bosque e que ele arrancara o anel de diamante do seu dedo e a deixara desfalecida sobre um canteiro de margaridas. O pai e os irmãos da donzela foram atrás do assaltante e encontraram um homem dormindo no bosque, e o mataram, mas não encontraram o anel de diamante. E a donzela disse:
- Agora me lembro, não era um homem, eram dois.
E o pai e os irmãos da donzela saíram atrás do segundo homem, e o encontraram, e o mataram, mas ele também não tinha o anel. E a donzela disse:
- Então está com o terceiro!
Pois se lembrara que havia um terceiro assaltante. E o pai e os irmãos da donzela saíram no encalço do terceiro assaltante, e o encontraram no bosque. Mas não o mataram, pois estavam fartos de sangue. E trouxeram o homem para a aldeia, e o revistaram, e encontraram no seu bolso o anel de diamante da donzela, para espanto dela.
- Foi ele que assaltou a donzela, e arrancou o anel de seu dedo, e a deixou desfalecida - gritaram os aldeões. - Matem-no!

- Esperem! - gritou o homem, no momento em que passavam a corda da forca pelo seu pescoço.
- Eu não roubei o anel. Foi ela que me deu!
E apontou a donzela, diante do escândalo de todos.
O homem contou que estava sentado à beira do riacho, pescando, quando a donzela se aproximou dele e pediu um beijo. Ele deu o beijo. Depois a donzela tirara a roupa e pedira que ele a possuísse, pois queria saber o que era o amor. Mas como era um homem honrado, ele resistira, e dissera que a donzela devia ter paciência, pois conheceria o amor do marido no seu leito de núpcias. Então a donzela lhe oferecera o anel, dizendo: "Já que meus encantos não o seduzem, este anel comprará o seu amor." E ele sucumbira, pois era pobre, e a necessidade é o algoz da honra. Todos se viraram contra a donzela e gritaram: "Rameira! Impura! Diaba!" e exigiram seu sacrifício. E o próprio pai da donzela passou a forca para o seu pescoço.
Antes de morrer, a donzela disse para o pescador:
- A sua mentira era maior que a minha. Eles mataram pela minha mentira e vão matar pela sua. Onde está, afinal, a verdade?
O pescador deu de ombros e disse:
- A verdade é que eu achei o anel na barriga de um peixe. Mas quem acreditaria nisso? O pessoal quer violência e sexo, não histórias de pescador.

Fonte: A VERDADE – In: As mentiras que os homens contam, de Luis Fernando Veríssimo, Objetiva, Rio de Janeiro. © by Luis Fernando Veríssimo

Texto 2: Meio ambiente – direitos e deveres

Publicada em 08/03/2007 – André do PV

Cada dia se torna mais importante a participação de todos na questão do meio ambiente. As mudanças bruscas do clima no planeta parecem ter assustado a comunidade mundial, a ponto de fazer com que organismos internacionais privados – independentemente dos governos locais –

chamem para si a responsabilidade de diminuir a emissão de gases na atmosfera.

Artistas que estiveram no Acre para filmar uma minissérie, também se assustaram com a devastação da nossa Amazônia e fizeram um manifesto recolhendo assinatura da população para ser entregue ao Presidente da República, pedindo pela sua preservação. (...)

Fonte: O Globo. Disponível em: <http://oglobo.globo.com/opiniao/mat/2007/03/08/294845009.asp>. Acesso em: 14 jul. 2011.

Nesses dois exemplos, podemos verificar uma clara diferença na estrutura das sequências textuais. No primeiro texto, detectamos, entre outras coisas, a presença de personagens interagindo, incluindo as falas desses personagens, um ambiente típico de contos de pescadores. A interação vai se dando num contínuo temporário marcado pela presença dos verbos de ação que, além de darem uma ideia de movimento, marcam o tempo e, auxiliados pelos advérbios, pontuam a passagem de um tempo para o outro.

No entanto, não podemos dizer que essa crônica é desprovida de um ponto de vista argumentado pelo autor. Podemos depreender do texto que o escritor defende que as pessoas gostam mesmo de serem espectadores de histórias apelam para a violência e o sexo. Constatamos, assim, que, por meio de um texto narrativo, ele apresenta e sustenta um ponto de vista sobre um tema polêmico que é o sensacionalismo, mas não podemos dizer que as sequências são argumentativas e sim narrativas. Em contraposição, o segundo texto apresenta sequências argumentativas. No trecho : "Cada dia se torna mais importante a participação de todos na questão do meio ambiente", vemos, claramente, a posição do autor marcada pelo uso do modalizador mais importante que revela o engajamento dele com o que diz. O emprego de modalizadores é comum às sequências argumentativas. Há, também nessas sequências, uma predominância maior de verbos estáticos.

Ainda lembramos que um indivíduo, para convencer o outro, pode usar das várias sequências textuais. Ao utilizar como argumento um exemplo, pode-se recorrer a uma história que é puramente narrativa a fim de convencer o outro. Digamos que um pai queira convencer o filho a estudar. Para isso, conta a história de um indivíduo que não conseguiu ter sucesso na vida, pois não estudou. Ou, um grupo de cidadãos, para convencer um parlamentar a tomar uma atitude contra um lixão, faz uma descrição carregada e negativa do espaço que precisa de intervenção. Usa-se, então, a sequência descritiva para convencer. Da mesma forma, podemos também empregar outras sequências para a argumentação, como a expositiva e a injuntiva.

> **Nota:** segundo a Linguística da Enunciação, nossas escolhas podem apresentar diversos tipos de avaliação, manifestando-se em graus variáveis: a quantitativa, a modalizadora e a axiológica (MARTINS, 1997). A avaliação quantitativa diz respeito às medidas e quantidades. As avaliações modalizadoras ocorrem quando temos palavras ou expressões que apontam para uma carga falsa ou verdadeira do fato ou objeto, e a avaliação axiológica é de cunho moral ou estético.

5.1 CONVENCER OU PERSUADIR

Convencer é uma coisa, persuadir é outra. As duas podem coexistir em um texto, mas não obrigatoriamente. Convencer é ficar no plano da razão, enquanto persuadir é ficar no plano das emoções. Quando convencemos, temos como estratégia argumentar trazendo exemplos, dados, entre outros, para que o nosso locutor aja racionalmente e concorde conosco. Isso não implica que ele tomará uma atitude em relação ao convencimento, porém, ao lidar com os fatos apresentados na argumentação, não há outra saída a não ser concordar.

Persuadir pressupõe reações do outro, muitas vezes, porque são levadas pela emoção e pela relação que estabelecem com o locutor. Um aluno pode ser convencido pelo professor a estudar para prova, mostrando uma série de dados sobre concursos de empregos e vestibulares e os salários possíveis para as pessoas que sempre passam de ano. Porém, se ele, ainda assim, se recusar a estudar, dizemos que foi convencido, mas não persuadido, pois não agiu de acordo com a opinião do locutor. De outra forma, o aluno pode não se convencer da importância do estudo, mas pelo tom cuidadoso, fraternal e amoroso do professor, desenvolve uma relação emotiva que o faz agir conforme quer o professor, mas não está convencido no plano da razão. Vejamos os textos 3 e 4, a seguir:

Texto 3:A droga das drogas
Carlos Heitor Cony
(*Folha de São Paulo*, 27/11/2010)

Um funcionário do segundo escalão foi demitido por ter dado entrevista sobre a legalização das drogas. A punição não foi pelo conteúdo. Se cada funcionário, sem autorização, falar o que quiser sobre ações do governo, merece o afastamento da nova equipe formada pela presidente.

Mas o assunto está encravado na agenda nacional. Em Genebra, um ex-presidente tomou parte num congresso internacional que está discutindo a medida; ele próprio já revelou que é favorável à legalização. Muita gente também é, em todo o mundo.

Trata-se da única maneira de acabar com a guerra do crime organizado. Não é a produção, distribuição e consumo das drogas que criam um Estado dentro dos Estados. Proibidas, formam uma rede marginal que entra em permanente conflito contra a polícia e contra as próprias células de produção e distribuição. O consumo, embora prejudicial como o do fumo e do álcool, não é criminoso.

Malefício por malefício, o fumo pode provocar câncer. O álcool afeta o comportamento social e causa doenças mortais, como a cirrose. Grande parte dos acidentes de trânsito e rixas pessoais na vida comum tem como causa o consumo exagerado do álcool.

O exemplo da Lei Seca nos Estados Unidos provocou histórica onda de crimes, tema recorrente que até hoje o cinema explora.

Com as drogas liberadas e taxadas pelos governos, será tirado o pão principal do crime organizado em todos os seus escalões, desde os pés-sujos que traficam a droga no violento varejo, até os poderosos chefões que investem no atacado clandestino.

Quanto aos consumidores, com os impostos recolhidos pelos governos sobre o comércio legalizado, poderão ser assistidos por clínicas especializadas e campanhas bem-sucedidas como a da Aids e a do fumo.

Texto 4:

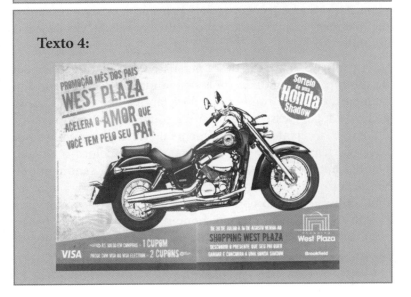

Nota: trata-se de Fernando Henrique Cardoso, ex-presidente do Brasil, que assumiu a defesa da legalização da maconha.

Nota: sempre usaremos o modalizador predominantemente, pois não partimos do conceito de verdade absoluta, ou de um olhar dual, mas do conceito de contínuo e da relatividade. Os textos são definidos em relação ao contexto, ao uso, ao suporte, às intenções e em um contínuo que vai do menos para o mais. Logo, não podemos dizer que o texto ou só está no plano do convencimento ou só no plano da persuasão, mas em um contínuo entre um e outro e sempre em relação ao contexto de circulação.

Temos, no terceiro, um artigo de opinião de Carlos Heitor Cony. Nesse artigo, o autor defende a tese de que a legalização das drogas, embora controversa, tem de entrar em discussão oficial, pois só assim poderá solucionar o problema com os drogados e o crime organizado. Para defender sua opinião, o autor lança mão de argumentos como exemplo de autoridade a favor (ex-presidente), uma relação de causa e consequência (proibidas, as drogas formam um Estado paralelo que sustenta o crime organizado), contra-argumenta em relação àqueles que acham que as drogas ilícitas trazem um malefício maior do que as drogas lícitas, citando exemplos de situações em que as consequências do uso do álcool e do fumo são trágicas e, por fim, conclui que, ao legalizar as drogas, combate-se o crime organizado e pode-se tratar, sem pudor, os usuários. Nessa estrutura argumentativa, percebemos que a sua organização está, **predominantemente**, no nível da razão. Se, ao ler, os leitores vão se agregar aos movimentos de legalização da droga ou não, não é possível prever, mas se alguém assim o fizer, estará convencido e persuadido, mas primeiramente convencido, pois está no plano da razão e dos argumentos.

No quarto texto, percebemos que o foco não está em trazer fatos, exemplos ou dados que comprovem que o melhor a ser feito é ir comprar naquele Shopping Center, mas em fazer as pessoas tom uma atitude e dirigir-se a ele para fazer compras. Se o anúncio publicitário ficasse preocupado em convencer, estaríamos na primeira dimensão, mas como o propósito é persuadir, ele fica nessa segunda dimensão.

A primeira evidência dessa persuasão está clara na imagem da moto potente, grande (pois ocupa quase todo o espaço do anúncio), com um fundo amarelo e laranja que lembra muito a cor do fogo. Nesse cenário, o texto escrito ganha um sentido mais "flamejante", principalmente no trecho "*Acelera o amor que você tem pelo seu pai*". Acelerar o amor coloca-o em um plano de altas emoções, sensibilidade exagerada, sentimentos e sensações que têm relação com o uso da moto, com a adrenalina. Enfim, o sujeito consumidor em potencial pode ter uma reação emotiva e comprar no shopping sem, no entanto, passar pelo convencimento, por meio da razão, de que esse é o melhor lugar para realizar suas compras.

5.2 ARGUMENTATIVIDADE E A ESTRUTURA GLOBAL DO GÊNERO ARTIGO DE OPINIÃO

Um texto predominantemente argumentativo pode ter variadas estruturas globais, ou seja, pertencer a vários gêneros. Pode-se ter, em um discurso de defesa, um advogado que inicia sua fala por um contra-argumento para depois expor os objetivos gerais de seu texto ou o tema central. Podemos pensar, também, em um discurso político, no qual o candidato, no palanque, inicie sua fala pela conclusão para depois lançar mão dos argumentos. No entanto, podemos falar de um esquema básico desses textos que é a introdução, o desenvolvimento e a conclusão. Se tomarmos o artigo de opinião como exemplo, geralmente é isso que acontece. A diferença entre uma abordagem mais atual e a canônica é entender que essa estrutura geral não se limita ao texto dissertativo e que, no interior de cada bloco, há uma estrutura linguística que deve ser vista a partir de uma perspectiva funcional e não como um conjunto de regras a ser memorizado. Também se deve levar em conta um tom imposto pelo locutor, tipos de argumento adequados, um engajamento marcado pelos modalizadores e uma orquestra de vozes que são chamadas para o interior do texto.

> **Nota:** um texto remete, direta ou indiretamente, a outros vários textos, portanto outras várias vozes, e o locutor de texto é o regente dessa orquestra. Trata-se da polifonia.

Retomando o terceiro texto, de Carlos Heitor Cony, percebemos que a estrutura canônica é obedecida com alguns detalhes interessantes. Na introdução (mais especificamente no primeiro parágrafo), ele coloca o leitor a par do assunto, mas não diretamente, por meio de um fato ocorrido (logo, um trecho narrativo):

Exemplo 1: *Um funcionário do segundo escalão foi demitido por ter dado entrevista sobre a legalização das drogas. A punição não foi pelo conteúdo. Se cada funcionário, sem autorização, falar o que quiser sobre ações do governo, merece o afastamento da nova equipe formada pela presidente.*

Ao começar o texto sobre a entrevista e o afastamento de um funcionário que falou sobre o assunto, o autor não só apresenta a temática, como dá um efeito de sentido maior para essa própria temática. É como se ele dissesse: falarei não só sobre a legalização das drogas, mas também sobre um tema que está em todos os níveis de poder governamental. Esse efeito de sentido é possível, pois seu exemplo recai sobre alguém do segundo escalão, mas, logo no segundo parágrafo, ele escolherá um ex-presidente que também aborda o assunto, e presidentes fazem parte do primeiro escalão. Isso implica dizer que todos os escalões discutem esse tema. Porém, essa discussão causa conflitos (veja o uso, no início do segundo parágrafo do verbo encravar). Percebemos que, na

112 *Série* A reflexão e a prática no ensino

introdução, não é necessário apenas propor a tese, mas criar um contexto maior para ela.

Depois, no desenvolvimento, ele seleciona uma série de argumentos com dados, fatos, comparações para, por fim, concluir que os efeitos da legalização das drogas resolveriam uma série de problemas, desde o crime organizado até a assistência aos dependentes de drogas. Dessa forma, temos uma introdução, um desenvolvimento e uma conclusão. Vamos olhar os detalhes que compõem essa estrutura e que devem ser ensinados na escola para o desenvolvimento de uma percepção discursiva maior.

Percepção discursiva: capacidade de apreender coisas que estão além do texto, ou seja, em uma dimensão discursiva, não perceptível pelos cinco sentidos, nem somente pela razão.

5.3 O TOM E O ENGAJAMENTO

Quando lemos um artigo de opinião, não interagimos com o autor real (mesmo que tenhamos algumas referências, no caso, de Carlos Heitor Cony), mas com uma imagem construída por nós, por meio do que lemos no texto. Se coincide ou não com o autor real, isso é o que menos importa, pois não lemos para saber o que o autor quis dizer, mas para construir sentidos para o texto lido. Por isso, falamos em tom e engajamento. Podemos depreender do texto um tom de seriedade, de preocupação, principalmente pelos exemplos que ele dá (preocupação com a criminalidade, com os doentes, com a ação do governo). Esse tom nos permite criar uma imagem de alguém que tem um engajamento com aquilo que diz. Exemplifiquemos:

Nota: para Maingueneau (2005), não interagimos com o escritor, mas sempre com um enunciador construído pela leitura que se faz do texto. Como escritor, ele pode dar pistas linguístico-discursivas para construção de uma imagem positiva; no entanto, é na leitura que isso será possível ou não. Falamos, aqui, da construção do ethos (imagem), que diz respeito a uma das mais eficientes provas de convencimento e persuasão. Aquele que constrói um ethos modesto, confiável, benevolente ganha o seu leitor para as suas teses.

Exemplo 2: *Quanto aos consumidores, com os impostos recolhidos pelos governos sobre o comércio legalizado, poderão ser assistidos por clínicas especializadas e campanhas bem-sucedidas como a da Aids e a do fumo.*

No Exemplo 2, podemos mostrar como se coloca o tom sobre aquilo que se diz. Ao escolher mostrar a legalização das drogas, aliada à possibilidade de tratar o consumidor em clínicas, comparando com situações que envolvem a Aids e o fumo, Cony apresenta-se com um tom de comprometimento e preocupação com as vítimas, o que dá outra força ao seu argumento. Ele poderia dizer simplesmente que é a favor da legalização, porém, ao lançar mão dessas preocupações e comparações, as pessoas podem ser mais bem convencidas, por se envolverem, também, nesse tom de preocupação.

Podemos, também, depreender do Exemplo 2 o nível de engajamento do locutor com aquilo que diz. Vejamos que ele não titubeia em seu texto e em sua posição, mas a afirma como verda-

Capítulo 5 A arte da argumentação **113**

de na qual acredita. Esse engajamento pode funcionar positiva ou negativamente. Analisemos as duas possibilidades a seguir:

Possibilidade 1: Quanto aos consumidores, com os impostos recolhidos pelos governos sobre o comércio legalizado, talvez eles possam ser assistidos por clínicas especializadas e campanhas bem-sucedidas como a da Aids e a do fumo.

Possibilidade 2: Quanto aos consumidores, com os impostos recolhidos pelos governos sobre o comércio legalizado, certamente, poderão ser assistidos por clínicas especializadas e campanhas bem-sucedidas como a da Aids e a do fumo.

Na primeira possibilidade, introduzimos um advérbio de dúvida *talvez*, que denotaria um engajamento mais fraco com o que se diz, pois não se tem tanta certeza sobre aquilo que se diz. Já na possibilidade dois, vemos o inverso, ou seja, um engajamento explicitamente marcado, expresso pelo advérbio *certamente*, que dá uma certeza profunda de que aquele argumento, tese ou conclusão utilizado é verdade. Logo, o autor se engaja mais concretamente dando mais força e mais intensidade àquilo que defende.

Nessas duas possibilidades, vimos, como exemplos, o uso dos advérbios. Essas palavras que apresentam esse engajamento são chamadas de modalizadores. Porém, outras classes gramaticais podem funcionar como modalizadores como o adjetivos, os verbos, tempo e modo, e, até mesmo, uma escolha lexical. Vejamos uma terceira possibilidade:

Possibilidade 3: Quanto aos consumidores, com os impostos recolhidos pelos governos sobre o comércio legalizado, poderiam ser assistidos por clínicas especializadas e campanhas bem-sucedidas como a da Aids e a do fumo.

Ao trocarmos o tempo verbal do verbo *poder*, indo *do futuro do presente* para o *futuro do pretérito*, teríamos um engajamento mais fraco e duvidoso do enunciador com aquilo que diz.

As questões de tom e engajamento são de grande importância no ensino dos textos argumentativos. Quando se trabalha com aquelas "receitas" para a produção de texto argumentativo, típicas do treino para o vestibular, os alunos perdem essa percepção de algo que vai além do que está escrito, mas que se encontra no componente discursivo e semântico. Por isso, para que o aluno escreva bem um texto argumentativo, antes de tudo, é preciso que desenvolva a percepção do tom e do engajamento nos momentos de leitura, para que possam apresentar esses recursos no mo-

114 *Série* A reflexão e a prática no ensino

mento da escrita. Logo, não basta conhecer advérbios, adjetivos e tempos verbais, mas saber usá-los de forma a dar uma força mais intensa ao argumento no conjunto da frase, do parágrafo e do texto, assim como pensar no efeito de sentido possível dessas escolhas em relação aos interlocutores. Da mesma forma, escolher palavras para colocar no texto, não é um processo mecânico, inconsciente ou estético, mas, acima de tudo, a escolha deve mostrar o tom que quer impor àquilo que é dito. Como já mencionamos, a palavra é uma arena ideológica, ela carrega efeitos de sentidos que vão muito além do que está no dicionário ou na definição que possuímos. O importante é perceber essas possibilidades de efeitos de sentidos que elas imporão ao nosso texto.

5.4 OS TIPOS DE ARGUMENTOS

Nota: nos estudos retóricos, a argumentação pode priorizar os argumentos ligados ao ethos, ao pathos e ao logos. O ethos, como argumento, é o caráter que o locutor assume e que pode inspirar confiança. O pathos é um conjunto de emoções, paixões e sentimentos que o locutor suscita em seus leitores. Essas duas primeiras dimensões estão diretamente ligadas à persuasão. E, por fim, o logos que diz respeito à argumentação exposta no texto, ligada, então, ao racional. Nessa dimensão, as provas argumentativas podem ser extrínsecas – referindo-se àquilo que não está construído textualmente – mas é exterior a ele, como depoimentos de testemunhas, confissões, leis etc. Provas intrínsecas são aquelas constituídas textualmente, ligadas ao talento pessoal do escritor (REBOUL, 1998).

Aprofundando a estrutura da argumentação, podemos detectar que os argumentos não são escolhidos e colocados de qualquer forma no texto. Eles fazem parte, na verdade, de categorias ou tipos. Conhecendo essas categorias ou tipos, podemos escolher, conscientemente, aqueles que sejam mais adequados às nossas intenções de convencimento. Alguns tipos de argumento são:

a. Argumento por analogia: trata-se de estabelecer semelhanças entre dois objetos que, aparentemente, não têm semelhanças. Essa analogia recoloca o objeto, ao ser comparado com outro, em outro patamar de compreensão. Vamos reler o seguinte trecho:

> Quanto aos consumidores, com os impostos recolhidos pelos governos sobre o comércio legalizado, poderão ser assistidos por clínicas especializadas e campanhas bem-sucedidas como a da Aids e a do fumo.

Aqui, o consumo de drogas está em eixo comparativo com Aids e fumo. Drogados são doentes como as vítimas da Aids e são dependentes a serem tratados tanto quando os fumantes.

b. Argumento pela relação causa/efeito: as relações estabelecidas no mundo sobre causa e efeito não são do mundo, mas das pessoas que olham e estabelecem essa relação. Posso dizer que a criminalidade é causada pela dependência de drogas, mas posso também achar que a dependência de drogas é causada pela criminalidade. Dependendo da relação causa/efeito que se estabelece, a atitude a ser tomada é diferente. Quando, no texto, Carlos Heitor Cony diz "(*A legalização das drogas*) *Trata-se da única maneira de acabar com a guerra do crime organizado*", estabelece uma relação de causa e consequência. Atingindo a causa, que é a ilegalidade das drogas, acaba-se com a consequência, que é o crime organizado.

c. Argumento de autoridade: a fim de mostrar que o argumento utilizado tem uma força maior, podemos recorrer aos especialistas das áreas sobre as quais falamos. Os textos argumentativos tratam de questões polêmicas. Questões polêmicas são tratadas por especialistas sejam da ciência, da religião ou da imprensa. Se utilizarmos falas dessas pessoas em nossos textos, o poder de convencimento se amplia. É como no caso do texto de Cony, ao citar a posição de um ex-presidente, ele procura agregar um valor à sua posição e aos seus argumentos, ou seja, ele legitima sua posição dizendo que se harmoniza com as ideias de um ex-presidente (cargo respeitado) de um país.

d. Argumento por princípio: nesse caso, o argumento parte de um princípio geral, respeitado e aceito na crença social, o que torna a conclusão quase incontestável. No nosso exemplo – o texto de Cony – ele finaliza dizendo que, com as drogas legalizadas, os consumidores poderão se tratar em clínicas especializadas. Tratar-se em clínicas está ligado ao princípio da preservação da vida, logo fica mais difícil contestar a legalização, tendo como princípio a preocupação com a vida.

Esses são exemplos de alguns tipos de argumentos. Não se trata de um repositório fechado, mas bastante eclético. Podemos encontrar um tipo de argumento por autoridade que se paute por um princípio geral. Ou podemos usar um argumento de exemplificação para fazer uma analogia, entre outras possibilidades. O interessante é poder classificar, de alguma forma, o argumento, para perceber a sua força e potencializá-la no convencimento do interlocutor.

5.5 DEFENDENDO UM PONTO DE VISTA

a.Atividade: montagem de um artigo de opinião.

b. Objetivo: desenvolver o poder de argumentação dos alunos, por meio de atividades que priorizem as relações éticas, o acordo e a competência argumentativa no que diz respeito às estruturas textuais do gênero artigo de opinião.

> **Nota:** em sua obra, Tratado de argumentação: a nova retórica (2005), Perelman e Tyteca apresentam outros tipos de argumentos: argumentos de reciprocidade, argumentos de transitividade, argumento de hierarquia, argumentos concernentes às diferenças de grau e de ordem, entre outros.

ATENÇÃO

nessas atividades de argumentação, reforçamos o desenvolvimento da capacidade de ouvir o outro. Como nessa atividade poderá haver vários momentos em que os alunos mostrarão, oralmente, suas posições e seus argumentos, é preciso desenvolver a necessidade de ouvir para o desenvolvimento de um olhar crítico. Ter um ponto de vista é colocar uma ideia na lógica das representações de mundo que temos, criticar a ideia do outro é reconhecê-la na lógica das representações de mundo do outro e apontar os problemas de acordo com as nossas representações. Mas, para isso, é preciso ouvir, dar espaço às ideias dos outros. Além disso, o bom ouvinte capta, do outro, os espaços frágeis para a sua contra-argumentação.

c. Desenvolvimento:

Apresentação da atividade: uma atividade de argumentação é mais adequada para as séries finais do Ensino Fundamental, Ciclo II. Por isso, para a apresentação da proposta, pode-se propor um levantamento do que os alunos mais querem na vida e que não conseguem, seja em relação à escola, à família, à sociedade. Mostrar que, para se obter o desejado, é necessário saber argumentar e, dessa forma, apresentar a sequência como forma de dar subsídios para os alunos para o convencimento e a persuasão.

Módulo 1: a melhor maneira de iniciar um trabalho com um gênero de texto em que predomine o argumentativo é mostrar que no mundo há **desacordo** e **acordo**, ou seja, o mundo está repleto de questões polêmicas sobre as quais há diferentes pontos de vista e que possibilitam uma discussão sadia para que as divergências possam se encaminhar para os acordos. É importante pensar-se nesse acordo não com um indivíduo ou grupo vencendo o outro, mas como uma apropriação das ideias divergentes, de forma que elas possam se harmonizar o mais possível. O professor deve iniciar o trabalho, fazendo um levantamento dos artigos de opinião presentes nos jornais. Não é necessário jornais do dia, podem ser jornais da semana, do mês ou mesmo do ano, pois, por meio deles, os estudantes poderão ter uma ideia das principais questões polêmicas que afligem o Brasil e a humanidade. Na sequência, pede-se para os alunos levantarem essas questões e irem montando um rol de possibilidades para que se aventurem na tomada de posição. Esse primeiro momento é de reconhecimento mesmo. É importante reparar como os alunos apreendem as teses, as posições presentes nos artigos que lêem e quais detalhes consideram mais relevantes. Pode-se escolher também um artigo de opinião, com um tema polêmico mais representativo para uma leitura mais profunda e para um diagnóstico mais preciso dos conhecimentos que os alunos já possuem sobre a prática argumentativa e sobre o artigo de opinião.

Avaliação: nesse primeiro momento, estão em jogo as percepções dos alunos. Por isso, o professor deve ficar atento ao que nelas se revela. Pode-se registrar aquelas que são mais evidentes para orientar as discussões nos módulos posteriores.

Módulo 2: o professor faz uma seleção de artigos de opinião e os destrincha, paulatinamente, com os alunos. Deve pedir que eles percebam a questão polêmica que é discutida, qual o ponto de vista que o autor defende. Essa atividade deve ser repetida várias vezes com o aluno, pois, assim, ele vai apurando o seu olhar

Capítulo 5 A arte da argumentação **117**

na percepção da questão polêmica e da tese, fazendo com que tenha mais sucesso na produção desses itens quando for produzir um artigo de opinião. Aliás, pode ser bastante proveitoso se, nesse momento de contato com temas polêmicos, o aluno já escolher um tema sobre o qual queira discutir e já fechar um ponto de vista, uma opinião ou uma tese. Esse exercício com o aluno deve ser continuamente realizado, mas sem nunca esquecer que a percepção deve ser desenvolvida não só do ponto de vista da localização da questão polêmica e da tese, mas também do tom que o autor atribui a eles, quais pressupostos orientam o seu posicionamento etc.

Avaliação: pode-se escolher um artigo de opinião específica-o no final do módulo para que o aluno identifique as partes constitutivas da argumentação.

Módulo 3: nesta etapa, é importante reforçarem-se os traços que diferenciam o artigo de opinião e os textos predominantemente argumentativos trazendo outros gêneros para comparação. No caso do artigo de opinião, pode-se usar o gênero notícia, pois é dessa fonte que os articulistas vão retirar as questões polêmicas para debater. O docente deve selecionar alguns artigos de opinião e suas respectivas notícias para que os alunos possam traçar essas diferenças. Analisar as diferenças entre os títulos, mostrar os níveis de engajamento, o argumento e o contra-argumento, a presença da estrutura narrativa mais clara na notícia etc. são passos importantes neste módulo.

Avaliação: registrar as diferenças entre o artigo de opinião e a notícia correspondente para poder levantar o que os alunos já estão percebendo nesse momento.

Módulo 4: nesta fase do trabalho, o professor deve definir as questões polêmicas que os alunos deverão escolher para escrever um artigo de opinião. Deve combinar com eles temas que sejam pertinentes ao grupo, à comunidade escolar e à comunidade do entorno. Pode priorizar também o eixo das relações éticas, do posicionamento que não vá de encontro aos interesses comunitários, que não sejam violentos e que não agridam os vários grupos sociais. A questão da polidez, apresentada no capítulo anterior, deve ser revista, e deve ser mostrado para o aluno que é possível ser mais eficiente, tanto no convencimento quanto na persuasão, se conseguirmos ganhar a confiança do outro, ou seja, se formos polidos, se externarmos confiança, modéstia etc. O professor deve propor que os alunos comecem a montar um artigo de opinião, cujos interlocutores serão os próprios alunos. O trabalho

> **Nota:** aqui é interessante a comparação tanto com outros gêneros do campo argumentativo quanto de outros campos, como o narrativo, o expositivo etc. Isso pode ser usado para mostrar que há outras formas de tratar as questões polêmicas. Ainda, para o professor, é importante ficar claro que, em uma sequência didática sobre o gênero artigo de opinião (assim como para qualquer outro gênero), não se pode ficar só naquele gênero sem trazer os outros para comparação e ampliar a competência discursiva do aluno. Apenas focalizamos em um gênero, mas não o fragmentamos do conjunto de outros gêneros existentes. Aliás, muitas matérias que trabalham na perspectiva dos gêneros alunos competentes em alguns gêneros, mas não para dar conta da diversidade genérica que existe no mundo.

pode ser publicado em um mural, em uma coletânea de artigos de opinião, em um blog etc. Nesse primeiro momento, além das questões polêmicas e do ponto de vista a ser defendido, os alunos podem começar a selecionar os argumentos que utilizarão no seu texto. Para tanto, deve haver pesquisa sobre o que os especialistas falam sobre o assunto, que outras posições foram defendidas e quais argumentos foram usados, exemplos, questões primordiais que subsidiam a discussão etc. Enfim, é um momento de levantamento de argumentos para depois selecionar aqueles mais adequados às intenções de convencimento.

Avaliação: um primeiro rascunho das ideias levantadas pode servir de avaliação nesse momento, a fim de apurar as discussões para as etapas posteriores.

Módulo 5: o encadeamento da argumentação. Nesse momento, é interessante mesclar as práticas de leitura e de produção de texto. Para encadear os argumentos entre si, com a tese e a conclusão, é necessário dominar os recursos linguísticos, tanto lexicais como gramaticais. Por isso, é preciso solicitar um trabalho de leitura no qual o aluno focalize, no texto lido, quais as palavras selecionadas e o poder que elas têm ao serem colocadas no texto. É diferente dizer ***as drogas fazem mal, as drogas trazem malefícios e as drogas não são boas***, cada um desses ditos tem uma força diferente, por isso é interessante atentar para as palavras escolhidas para compor a argumentação. Esse mesmo exercício de se olharem as palavras nos textos lidos deve ser repetido no texto escrito. Depois disso, ou concomitantemente, devem ser analisadas as marcas de engajamento com o ponto de vista e com os argumentos selecionados. É preciso mostrar as possibilidades no uso dos advérbios, dos tempos verbais e as diferenças que eles impõem ao enunciado, com a intenção de convencer e persuadir o interlocutor. Por fim, é importante também mostrar que a relação que se estabelece entre os argumentos é uma escolha do escritor. Pode-se impor uma relação de causa e efeito, uma relação de explicação, uma relação de contrariedade, uma relação de comparação, uma relação de soma etc. Essas relações são estabelecidas pelos operadores argumentativos e dizem respeito aos recursos gramaticais que organizam a estrutura da argumentação. Veja alguns exemplos e de que forma podem ser trabalhados:

> Nota: Aqui, citamos alguns exemplos que podem acontecer. Para um estudo mais aprofundado dos operadores argumentativos, indicamos a obra *A inter-ação pela linguagem*, de Ingedore G. Villaça Koch (1995).

a) As drogas são terríveis, pois acabam com a saúde do usuário, **além de** fomentar o crime organizado e, **acima de tudo**, destroem a dignidade da comunidade.

Capítulo 5 A arte da argumentação 119

b) As drogas são terríveis, pois acabam com a saúde do usuário, **por isso** fomentam o crime organizado, **mas** destroem a dignidade da comunidade.

c) As drogas são terríveis, pois acabam com a saúde do usuário **tanto quanto** fomentam o crime organizado, **já que** destroem a dignidade da comunidade.

No primeiro caso, temos uma relação de argumentos que são apresentados em uma escala de crescimento. Isso fica marcado pelo uso dos operadores *além de* e *acima de tudo*. Trata-se de operadores que vão adicionando argumentos, mas em uma escala em que o último parece ser o mais forte de todos. É uma estratégia de argumentação, deixar, por último, o argumento que se considera mais forte. É a cartada final.

No segundo caso, o uso do operador *por isso* estabelece uma relação de conclusão entre o primeiro argumento "*acabam com a saúde do usuário*" e o segundo, "*fomentam o crime organizado*", e de oposição, pelo uso do *mas*, entre este último argumento e o terceiro "*destroem a dignidade humana*".

Já no terceiro caso, há uma relação de comparação entre o primeiro e o segundo argumentos, pelo uso do operador *tanto como* e uma relação de explicação que introduz o terceiro argumento, pelo uso do operador *já que*.

O importante é mostrar ao aluno que, dependendo da relação coesiva que ele estabelece entre os argumentos, efeitos de sentidos diferentes surgirão e um efeito pode ser mais forte, argumentativamente, que outro. Se analisarmos os casos apresentados aqui, podemos refletir sobre qual relação coesiva seria mais convincente para os leitores.

Avaliação: pedir que os alunos organizem os argumentos levantados estabelecendo as relações entre eles por meio dos operadores argumentativos.

Módulo 6: nesse último momento, passado pelas etapas anteriores, os alunos já podem produzir o esboço do seu artigo de opinião. Esse esboço ainda passará pela editoração (seja o simples passar a limpo ou a editoração no computador), para que o aluno possa revisar, corrigir e acertar as pendências necessárias para que o texto esteja adequado à leitura por seu público.

d. Avaliação final: essa produção final é o melhor índice para a avaliação nesse tipo de trabalho. Os alunos podem avaliar, também, o seu desempenho por meio de uma pesquisa junto

---

ATENÇÃO

para a produção textual, é interessante que se adotem passos ou etapas de produção. Ninguém escreve de uma hora para a outra, como nas redações que eram solicitadas antigamente nas escolas, ou seja, não se pode pedir que o aluno entregue um texto em uma aula. O processo de escrita é demorado e deve seguir algumas etapas como as que mostram Cintra e Passarelli, no volume 2, Leitura e produção de texto, desta mesma coleção (2011).

aos leitores dos seus artigos. Pode-se montar um questionário para ver se os leitores concordam ou não com as posições defendidas pelos alunos-articulistas, em que partes do texto eles convenceram, em qual delas falharam. Enfim, pode-se potencializar esse momento de avaliação, transformando-o em um momento de autocrítica e formação.

5.6 PARA FINALIZAR

Como na Grécia antiga que, para ser cidadão, era necessário ter posicionamento político e manifestar-se em público, mostrando o seu ponto de vista e o defendendo, hoje vivemos em uma sociedade que possui a mesma necessidade, mas não por imposição para ser cidadão, mas para exercer, de fato, esse espaço. Temos visto, na sociedade, o exercício da reclamação e a falta de engajamento. É necessário o desenvolvimento da competência argumentativa como mola propulsora do exercício da participação social, participação nas decisões, desenvolvimento e evolução da sociedade. Não podemos ficar restritos só ao desenvolvimento do artigo de opinião, mas argumentar nos debates políticos, nas empresas e nos empregos, nas associações de bairro, nos projetos de lei. Enfim, a argumentação está em todas as manifestações sociais e quem não sabe argumentar, ainda fica à margem.

SUGESTÕES DE LEITURA

NASCIMENTO, Jarbas V.; CANO, Márcio R. O. Cenas da enunciação em textos jornalísticos: o caso da "ditabranda" na Folha de S. Paulo. **Revista de Estudos Linguísticos Veredas** (UFJF), Juiz de Fora,v. 15, n. 1, 2011.

RANGEL, Egon O. et al. Ponto de vista: caderno do professor: orientação para produção de textos. São Paulo: Cenpec, 2010. Disponível em: <http://escrevendo.cenpec.org.br/ecf/index.php?option=com_content&task=view&id=18008>.

REFERÊNCIAS BIBLIOGRÁFICAS

ABREU, Antonio S. **A arte de argumentar**: gerenciando a razão e emoção. 9. ed. São Paulo: Ateliê, 2006.

BAKHTIN, M. **Marxismo e filosofia da linguagem**. 6. ed., São Paulo: Editora Hucitec, 1992.

DUCROT, Oswald. **O dizer e o dito**. Campinas: Pontes, 1987.

KOCH, Ingedore V. G. **A inter-ação pela linguagem**. São Paulo: Contexto, 1995.

MAINGUENEAU, Dominique. **Análise de textos de comunicação**. 4. ed. São Paulo: Cortez Editora, 2005.

MARTINS, Nilce S. **Introdução à estilística**: a expressividade na Língua Portuguesa. 2. ed. São Paulo: T. A. Queiroz, 1997.

PERELMAN, C.; OLBRECHTS-TYTECA, L. **Tratado de argumentação**: a nova retórica. 2. ed. São Paulo: Martins Fontes, 2005.

REBOUL, Olivier. **Introdução à retórica**. São Paulo: Martins Fontes, 1998.

6

Anúncio publicitário: a comunicação persuasiva

Por meio da mídia, o homem contemporâneo vive constantemente sendo convidado a realizar todos os seus desejos. Ele é incentivado a introduzir no seu universo particular hábitos e objetos que fazem parte da realidade de outros indivíduos pertencentes a esferas sociais diversas daquela em que ele está inserido. Nesse contexto, na sociedade atual, o consumo de produtos ganhou um grande espaço na vida das pessoas, a ponto de tornar a aquisição de produtos uma necessidade fundamental. Um dos mecanismos mais eficientes que levam o ser humano a essa tentativa de realização de todos os seus anseios é a publicidade.

Praticamente, desde o seu nascimento, o homem contemporâneo é envolvido pelas malhas da publicidade. Por mais esclarecida que uma pessoa seja, inconscientemente, ela será levada a agir segundo padrões propostos pela máquina publicitária, pois há inúmeros anúncios que prendem a atenção do leitor, despertando-lhe reações emotivas e sentimentos agradáveis. Isso ocorre porque tanto o elemento visual quanto o texto que o acompanha se baseiam em "razões de ordem lógica e científica". (MALANGA, 1976)

Nessa medida, a publicidade, como área da Comunicação Social, desempenha um papel importante no contexto social e, por essa razão, escolhemos um de seus gêneros – o anúncio – como tema deste capítulo. Apresentamos, inicialmente, um breve histórico desse campo comunicativo, em seguida, mostramos a distinção entre publicidade e propaganda e entre anúncio e cartaz e, na sequência, caracterizamos o anúncio e analisamos alguns anúncios, destacando suas particularidades verbais e não verbais.

6.1 BREVE PERCURSO HISTÓRICO

Sem dúvida, não se pode, atualmente, negar o papel significativo que esse veículo de comunicação de massa – o anúncio publicitário – desempenha sobre a população, mas é relevante lembrarmos que a publicidade, do qual ele faz parte, não é uma área recente. Como ponto de partida, apontamos que, etimologicamente, o vocábulo "publicidade" provém do termo francês *publicité*, por sua vez, proveniente de *público*. Segundo Houaiss (2001, p. 2330), no século XVII (1694), essa palavra significava "caráter do que é público, do que não é mantido secreto, propriedade do que é conhecido", mas, no século XIX (1829), passou a designar o "conjunto de meios utilizados para tornar conhecido um produto, uma empresa industrial ou comercial". Este último é o sentido que, em geral, é dado ao termo na atualidade.

Do ponto de vista histórico, a Publicidade é filha da Propaganda, que já estava presente nos primórdios da civilização. Malanga (1976) afirma que, no momento em que o homem inicia a troca de mercadorias, ele precisa fazer seu interlocutor compreender que deseja vender algum objeto, como peles de animais deixadas nas entradas das cavernas, por exemplo, e essa ação já é propaganda. Ela também ocorre, nas civilizações da Mesopotâmia (Assíria e Caldeia), pois, nos frontões de seus monumentos, em inscrições, os reis desses povos registravam seus grandes feitos. Outras manifestações da propaganda, na Antiguidade, encontram-se nas obras de poetas e músicos nas quais exaltavam seus protetores, os mecenas, ou, na Grécia em que os grandes oradores faziam discursos em defesa de seu partido; logo, com objetivos políticos ou propaganda política, ou ainda nas cantigas dos trovadores medievais que, em suas andanças de castelo em castelo, louvavam seus senhores.

> Nota: na Antiguidade, estandartes, pendões, escudos e brasões de armas são instrumentos de propaganda. Deles se origina a tabuleta, que, nos séculos seguintes, teria um papel importante na veiculação de produtos.

É na Roma Antiga, há 2000 anos, que se situa a origem da publicidade. Os comerciantes, não longe do *Forum*, anunciavam em tabuletas a venda de produtos ou espetáculos teatrais e mesmo de escravos. Além dessa publicidade escrita, que também anunciava os combates de gladiadores, havia, na cidade romana, a publicidade oral que divulgava mercadorias, entre elas, escravos.

Na Idade Média, a situação permanece inalterada, havendo, como formas de divulgação, as tabuletas e a publicidade falada. Nesse período, os pregoeiros tiveram uma função relevante e chegaram a formar uma corporação. Na Inglaterra, destacam-se os arautos, encarregados de ler notícias governamentais, além de se responsabilizarem pela divulgação de doutrinas políticas e de produtos comerciais.

No século XVI, com o desenvolvimento do teatro inglês, representado por Shakespeare, a informação de realização ou não de espetáculos desse dramaturgo era feita por meio de uma bandeira hasteada. O público interessado em assistir às apresentações enviava seus escravos para verificar se a bandeira estava ou não hasteada. Essa forma de comunicação pode ser considerada, segundo Malanga (1976), uma forma rudimentar de publicidade. Outra forma de publicidade externa, destacada pelo autor, existente na Inglaterra, era a indicação que comerciantes faziam de seus estabelecimentos por meio de símbolos, como uma peruca para indicar uma barbearia ou uma cabeça de boi, para um açougue. São exemplos da chamada "publicidade evocativa" que ocorria pela ausência de numeração e identificação de ruas e casas. Os emblemas, que identificam as casas comerciais, transformaram-se e deram origem a marcas, que permitiram a identificação e memorização de produtos.

A invenção da imprensa possibilitou a divulgação de anúncios impressos e o início de um processo em que o material era pago, originando a publicidade mais próxima de como conhecemos. Eram textos concisos, simples e com pouca ilustração, caracterizando pequenos anúncios.

Com a Revolução industrial, a publicidade tomou impulso e adquiriu o contorno que hoje conhecemos, mas ainda destituída de técnica. Depois da Primeira Guerra Mundial, a publicidade avançou significativamente, impulsionada pelo desenvolvimento de novas indústrias, como a da luz néon e fluorescente e de novos meios de comunicação, como o cinema e o rádio. Após a Segunda Guerra Mundial, surgiu a televisão e, com ela, os anúncios publicitários tiveram de se adaptar a esse novo veículo, adquirindo traços particulares. É importante lembrarmos que as duas últimas mídias levaram a publicidade para dentro dos lares, o que representou um grande progresso nesse domínio discursivo. Hoje, temos um novo meio para a divulgação de produtos e serviços, a Internet, que, certamente, acrescentará novos elementos aos tipos de anúncios já existentes.

Apresentado um breve percurso histórico desse domínio discursivo, tratamos, a seguir, dos conceitos de publicidade e propaganda.

6.2 UMA DISTINÇÃO NECESSÁRIA: PUBLICIDADE E PROPAGANDA

Nota: a Lei 4.860, de 18 de julho de 1965, que regulamentou a profissão de publicitário, não diferencia esses dois termos. Ela caracteriza o publicitário como o profissional que exerce funções técnicas específicas nas agências de propaganda, as quais são conceituadas como a pessoa jurídica especializada na arte e técnica da publicidade.

Atualmente, publicidade e propaganda são termos empregados indistintamente, seja pelo falante comum, seja pelos profissionais da mídia, mas nem sempre foi assim. Nos anos 1960, especialistas como Malanga (1976) apontavam a distinção entre os campos designados por esses vocábulos. Esse autor considerava propaganda "atividades que tendem a influenciar o homem, com o objetivo religioso, político ou cívico" (p.10). A propaganda visa, portanto, à propagação de ideias, mas sem objetivos comerciais. A publicidade, por sua vez, é conceituada como a "arte de despertar no público o desejo de compra, levando-o à ação" (p.11), sua finalidade precípua. O autor considera a publicidade decorrente do conceito de propaganda, tendo como esta um caráter persuasivo, mas sendo seu objetivo bem específico, a venda de produtos.

Na década de 1980, Kotler (1986, p. 398) utiliza o termo propaganda para indicar "qualquer forma paga e impessoal de apresentação e promoção de ideias, bens ou serviços, por um patrocinador identificado". Publicidade, para o autor americano, refere-se à "propaganda gratuita". Ele esclarece que:

> Isto significa a preparação de relatos e reportagens de notícias da empresa ou do produto e tentar a imprensa a usá-la. As empresas chegaram à conclusão de que há necessidade de habilidades especiais para se escrever uma boa publicidade e "atingir" a imprensa e entregar esse trabalho a profissionais de relações públicas. (p. 400)

Portanto, a publicidade, com base no autor citado, nessa época, tinha por objetivo divulgar a empresa e seus produtos na mídia e a propaganda abarcava as atividades da publicidade, que a visão de Malanga propunha.

No âmbito jurídico, de acordo com Farias (2006), também os especialistas em Direito do Consumidor não formam consenso em relação ao uso dos dois termos. O autor, com base nos artigos 36, 37 e 38 do Código do Consumidor e em autores especializados, defende a distinção entre os dois vocábulos. Ele conceitua publicidade assim: "é o ato comercial de índole coletiva, patrocinado por ente público ou privado, com ou sem personalidade, no âmago de uma atividade econômica, com a finalidade de promover, direta ou indiretamente, o consumo de produtos e serviços". (NUNES JUNIOR, p. 21-22, *apud* FARIAS, p.1). Logo, ela tem por objetivo a venda de produtos e serviços alicerçada em divulgação intensa.

A propaganda, por sua vez, é proposta por Faria, também fundamentado em Nunes Junior, como "toda forma de comunicação, voltada ao público determinado ou indeterminado, que, empreendida por pessoa física ou jurídica, pública ou privada, tenha por finalidade a propagação de ideias relacionadas à filosofia, à política, à economia, à ciência, à religião, à arte ou à sociedade". (NUNES JUNIOR, p.16apud FARIAS, p.1) Em síntese, a propaganda visa à divulgação de ideias, crenças, valores, princípios, teorias etc.

Do ponto de vista etimológico, como já vimos, o termo publicidade provém de *publicus* e significa um meio de divulgação, por meio de anúncios ou propagandas, de um produto, um serviço ou uma empresa, tendo por objetivo despertar no consumidor o desejo de aquisição do produto ou serviço anunciado. O termo propaganda, por seu turno, vem da forma latina *propagare*, que significa multiplicar, por produção ou geração, estender, propagar. Esse verbo latino tem sua origem em *pangere*, cujo significado é enterrar, mergulhar, plantar. Foi o papa Clemente VII, quem introduziu esse termo, em 1597, ao fundar a Congregação de Propaganda, com vistas à propagação da fé católica. Portanto, propaganda, em sentido estrito, pressupõe a propagação de princípios e de teorias.

Considerando-se a posição de Malanga e de Farias, a publicidade implica a venda comercial de mercadorias. Esse é o sentido que consideramos nesta exposição. A propaganda, como vimos, implica a "venda" de ideias ou ideologias, entendendo-se essa venda em sentido amplo. Nessa perspectiva, ela é entendida neste capítulo. A razão dessa distinção será apontada na análise dos anúncios selecionados.

Atualmente, a publicidade apresenta contornos bem específicos, pois ela está inserida na sociedade atual, em que a tecnologia tem um papel relevante. Adaptando-se a esse novo desenho social, a publicidade está intrinsecamente relacionada à ideia de "marca" e, com base em Perez (2004), expomos essa sua particularidade.

Ao caracterizar a publicidade, a pesquisadora destaca o seu caráter paradoxal, pelo fato de que ela "comunica a perenidade, mas é fugidia" (p.106). A autora afirma que:

A fascinação que produz a publicidade provém, em última instância, da esquizofrenia que define a atividade publicitária: criar totalidades destinadas a dissolver-se no decorrer de poucos dias ou semanas; fingir plenitudes que somente são, na realidade, combinações aleatórias de alguns signos. Jouve (1992) afirma que a publicidade se alimenta de construir provisionalidades que se autoproclamam eternas. É ou não esquizofrenia? (p.108)

Perez considera, ainda, que é a tensão entre permanência e fugacidade que caracteriza a essência primeira da recepção publicitária, sendo elas também a razão de sua eficácia, dado que, entre a infinidade de mundos construídos pela publicidade, sempre há a possibilidade de criação de um novo mundo. É esse paradoxo que capta a atenção dos indivíduos, despertando-lhe o desejo da posse.

Ela aponta que o objetivo da publicidade é "significar marcas", e não anunciar produtos, como tradicionalmente se acreditava. Perez destaca que "as marcas acabam por se **desencarnar dos produtos que lhe deram origem, passando a significar algo muito além deles próprios**" (p.11) (grifo da autora). Ela exemplifica esse aspecto com a utilização da marca Bombril que hoje designa inúmeros produtos, além da esponja de arear. Na origem dessa desencarnação, estão metas bem delineadas, como salvar a marca da deterioração e do desgaste material ou simbólico, e esse processo leva à separação entre marca e produto.

A autora destaca que as marcas assumem, cada vez mais, uma maior dimensão no cotidiano dos cidadãos. Por essa razão, a adesão do consumidor a uma marca passa a ser "um instrumento de participação individual em um valor coletivo que se tem de proclamar à vista de todos para ser aceito". (p.113)

Perez lembra que a publicidade está por trás da criação e sustentação de marcas e o reconhecimento delas se dá por meio da repetição de seus elementos básicos. Esse repetir, quando bem construído, garantirá a fixação da marca e a sua associação com situações positivas e prazerosas.

Tradicionalmente, são atribuídas à publicidade as funções de

Capítulo 6 Anúncio publicitário: a comunicação persuasiva **131**

informar e persuadir. A primeira consiste em dar a conhecer ao público usos do produto ou novos usos previstos para ele, seu preço e seus pontos de venda ou outros dados importantes sobre a sua utilização. A segunda – persuadir – diz respeito à adesão do consumidor ao produto anunciado, levando-o à sua aquisição. Recursos linguísticos e psicológicos são instrumentos potentes na construção da persuasão.

Perez (2004) acrescenta, a essa duas, as funções de lembrar e de agregar valor. A lembrança pressupõe que o produto/marca esteja presente na mente dos consumidores, o que pode ser obtido por meio de redes associativas. Ela indica a publicidade sensorial como um caminho possível para garantir a lembrança. Finalmente, a agregação de valor relaciona-se à adição de valor a um produto ou marca, o que, segundo a pesquisadora, pode ser alcançado por meio da inovação do produto, da melhoria da qualidade ou da alteração na percepção do consumidor.

Rizzo (2003, p. 66) apresenta os vários recursos da mídia utilizados pela propaganda, que para nós equivale à publicidade. São eles: divulgação com anúncios impressos e eletrônicos, embalagens externas de produtos, encartes da embalagem, filmes comerciais, manuais e brochuras, mídia impressa como cartazes e folhetos, catálogos de produtos, reimpressão de anúncios, encarte em revistas e outdoors. Dessa diversidade, selecionamos o anúncio impresso, um dos gêneros textuais (MARCUSCHI, 2008) que divulga produtos/marcas e que é objeto de análise neste capítulo.

> **ATENÇÃO**
>
> *de acordo com Marcuschi (2008), algumas dessas mídias são suportes, como as embalagens, outdoors e encartes, e outras são gêneros textuais, como mostraremos adiante.*

6.3 O ANÚNCIO PUBLICITÁRIO IMPRESSO

FUNDAMENTAÇÃO PSICOLÓGICA

Apoiados em Marcuschi (2008), destacamos que o gênero textual escolhido faz parte de uma esfera da atividade humana específica, a saber, a publicidade. Ele representa um domínio discursivo e indica uma instância discursiva, a do discurso publicitário, que abrange, como já apontado, vários gêneros textuais.

A finalidade de um anúncio impresso é motivar o leitor, fazendo-o desejar o produto/marca apresentado e levando-o efetivamente à aquisição da mercadoria. Malanga (1976) mostra ter sido George H. Batten, chefe de redação de uma agência de publicidade norte-americana, quem criou a fórmula AIDA, que resume as razões psicológicas que levam a publicidade a influir sobre o possível interlocutor. São elas: Atenção, Interesse, Desejo, Ação, todas sob o denominador comum Convicção.

Muitas vezes, quando lemos uma revista, há anúncios que despertam nossa **atenção**, seja pelo elemento visual, seja pelo verbal. Esses anúncios preenchem seus propósitos comunicativos: o anunciante obteve o **interesse** do leitor, conseguiu fazer-se ouvir; mas aqueles que não foram notados pelo leitor mostram que o primeiro fator psicológico, a atenção, não teve efeito sobre ele. Portanto, o anúncio não cumpriu sua meta como elemento de divulgação do produto/marca, não tendo sido concretizada a mensagem publicitária.

Para garantir o objetivo comunicativo, não é suficiente prender-se a atenção do leitor. É preciso que seu interesse seja despertado pelo anúncio. Ele pode ser obtido por meio de situações que estimulem o ego do leitor e, estando interessado, o indivíduo lê a mensagem.

A mensagem provoca no leitor o **desejo**. Como todo homem tem "sonhos", o que pode ser comprovado pela Psicologia, os publicitários enfatizam-nos nos anúncios que criam. Mas o leitor não pode ficar apenas com a vontade de comprar o produto. Ele deve estar convencido de que realmente esse produto é o melhor, pois, se isso não ocorrer, pode acontecer que o anúncio de um concorrente convença-o desse fato. Conclui-se, então, que o fator **convicção** é muito representativo na mensagem publicitária: é ele que faz o consumidor lembrar-se de determinada marca.

Entretanto, a parcela primordial da mensagem publicitária é a ação. As anteriores perdem seu efeito se o leitor não adquirir o produto. Daí, a oferta de brindes ou, como fazem os publicitários americanos que fecham seus anúncios com a palavra *now* – agora, pois ambos são elementos que motivam o leitor a comprar o mais rapidamente possível uma mercadoria.

Em suma, uma mensagem publicitária, para ser eficaz, deve fundamentar-se, sobretudo, nos fatores psicológicos expostos aqui, pois somente assim ela estará atingindo seu objetivo, que, na realidade, corresponde à meta da publicidade: "despertar no público o desejo de compra, levando-o à ação". (MALANGA, op. cit., p.42) Na passagem do desejo à ação, o texto linguístico desempenha um papel muito importante. São textos como "Aproveite esta oportunidade", "Venha já conhecer nosso produto" e outros similares, representativos de sequências injuntivas, que levam o consumidor à ação, acreditando estar se decidindo pelo melhor produto do mercado. Vemos, portanto, que as construções linguísticas têm um papel relevante no resultado a ser atingido pelo anúncio impresso.

Sequência injuntiva: sequência proposta por Marcuschi (2002), seguindo a classificação de Werlich (1973) em relação aos tipos textuais. Linguisticamente, ela se formaliza em enunciados incitadores à ação, apresentando o verbo no imperativo ou em construções verbais expandidas, com a presença do auxiliar modal "dever".

Capítulo 6 Anúncio publicitário: a comunicação persuasiva 133

O Anúncio Impresso e suas Construções Linguísticas: Uma Possibilidade de Análise

São muitas as possibilidades de tratamento da questão linguística no discurso publicitário. Como privilegiamos o gênero textual, o aspecto linguístico será focalizado na perspectiva das sequências textuais, como propõem Adam (1992) e Marcuschi (2002, 2008).

Em termos linguísticos, no anúncio publicitário, dado o seu caráter persuasivo, predominam as sequências argumentativas, bem como as descritivas, que são essenciais na caracterização do produto anunciado, além das injuntivas que visam captar a atenção do leitor. Essas sequências, do ponto de vista conceitual, serão retomadas na análise para auxiliar a leitura do texto, já que foram caracterizadas em outros capítulos deste trabalho.

O objeto de análise são três anúncios da Natura, veiculados na revista *Planeta*, em dezembro de 2010, em página inteira. Essas três peças publicitárias referem-se ao lançamento dos novos refis dos produtos produzidos por aquela marca. Ao lado da divulgação do produto, também é apresentada ao leitor a posição da marca/empresa em relação à questão de sustentatibilidade ambiental, introduzindo a imagem de uma organização preocupada com o futuro do planeta. Eles foram apresentados em três páginas seguidas, antecedendo as grandes matérias dessa edição.

Como discute Marcuschi (2008), a questão do suporte é muito importante na publicação de textos que concretizam gêneros textuais. Esse autor afirma que o suporte não determina o gênero, mas chama a atenção para a relação entre gênero e suporte, apontando que, em muitos casos, o suporte gera uma distinção de gênero, como ocorre no caso do seguinte texto:

> *Mamãe , não me espere para o almoço.*
>
> *Tenho uma reunião com um cliente.*
>
> *Pedro.*

Se ele for escrito em uma folha de papel e deixado na porta da geladeira, ele será um bilhete, mas, se for enviado pelo telefone celular, será um SMS.

No caso em pauta, não foi por acaso que esses três anúncios foram veiculados pela revista *Planeta*, mídia impressa que se debruça sobre temas como esoterismo, ufologia, parapsicologia e

Suporte: é definido assim por Marcuschi (2008, p. 174): "entendemos como suporte de um gênero um locus físico ou virtual com formato específico que serve de base ou ambiente de fixação do gênero materializado. Pode-se dizer que suporte de um gênero é uma superfície física em formato específico que suporta, fixa e mostra um texto".

política ambiental e que circula no Brasil, desde 1972, editada mensalmente pela Editora TRÊS. Ela apresenta, regularmente, matérias sobre ambiente, ciências, viagens, comportamento, espiritualidade e Unesco/planeta. Logo, a ideologia do suporte (revista *Planeta*) coaduna-se com a filosofia da empresa Natura e orientou a escolha do veículo por parte do anunciante. Com base em Marcuschi (2008, p. 177), propomos um gráfico que sintetiza a relação gênero/suporte, para o anúncio em mídia impressa:

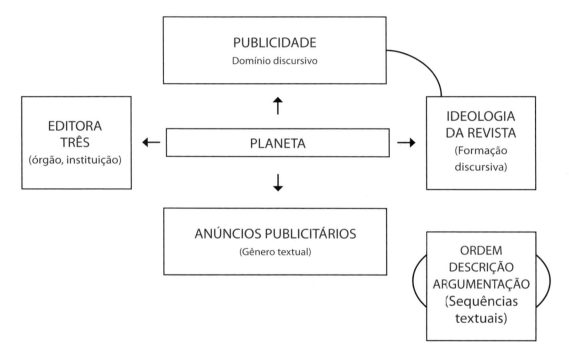

Na análise dos anúncios, observaremos a seguinte metodologia: descrição dos anúncios, análise do aspecto verbal, análise do aspecto não verbal e o impacto persuasivo da peça publicitária.

O texto verbal e o produto anunciado constituem o primeiro plano do anúncio, o qual tem como pano de fundo uma paisagem em que predomina o céu em diferentes tons degradês que vão do azul *natié* ao azul claro, entremeados de tons de lilás claro. Essas cores representam um espaço celeste límpido e sem poluição. Sob esse céu está a terra, com plantação de cana, vegetação verde e viçosa, iluminada em sua parte superior por forte claridade. A área cultivada também reflete a natureza saudável, livre dos males que, atualmente, atacam o meio ambiente. Vê-se que, nessa paisagem,

Capítulo 6 Anúncio publicitário: a comunicação persuasiva 135

predominam elementos essenciais à vida humana: o ar que o homem respira, a terra de onde ele tira seu alimento e a luz solar, fundamental para a sua sobrevivência.

Sobre esse cenário ou pano de fundo, no espaço celeste, está o tema de marca, o qual, segundo Perez (2004, p. 126), "são sinais e símbolos culturais criados por designers, publicitários, arquitetos e outros criadores de identidade para expressar características corporativas, ideias, marcas e produtos". O tema de marca se apresenta assim:

> **Tema de marca:** para a autora citada, o tema de marca se refere ao "conteúdo, à imagem projetada de identidade, a uma proposição que será desenvolvida no decorrer das peças publicitárias" (2004, p.126).

FIL

RE

NOVA

O prefixo RE e o vocábulo NOVA estão em branco e o verbo inglês *to fill* (encher, completar), em verde claro. Segue-se o texto verbal também em branco, bem como o slogan do anúncio e os benefícios que o novo produto traz ao meio ambiente, que estão impressos junto às raízes da cana, à esquerda, no rodapé da página. Também em branco, do lado direito, no alto da página, está o logotipo que identifica os produtos Natura e, no canto inferior, à direita, estão dois frascos da linha Erva Doce (a embalagem original e o novo refil), que parecem brotar como frutos da cana. Sua embalagem é branca, com rótulos verdes do mesmo tom do verbo *fill*. Esse tom de verde é semelhante ao da cana na sua parte superior. Logo, ele sintetiza o viço da natureza e a luz que faz com que os vegetais cresçam e produzam boas safras. O branco, que está presente em grande parte do anúncio, simboliza a pureza e, portanto, a ausência de elementos nocivos ao meio ambiente. Esse conjunto de informações é identificado pelo leitor ao primeiro contato com o anúncio, por meio de uma leitura inspecional.

> **Nota:** esclarecemos que, no Inglês, há o substantivo *refill*, formado por derivação prefixal do verbo to *fill*, e que significa carga, reenchimento.

> **Leitura inspecional:** tipo de leitura no qual o leitor passa os olhos pelo texto, identificando, de forma holística, informações do texto.

No nível verbal, no tema, o prefixo RE indica uma ação que se repete, mas ela não é idêntica à anterior, pois introduz um traço novo: há um produto já lançado no mercado, mas o refil dá a ele um aspecto novo, pois o tipo de embalagem proposto traz benefícios à natureza, como a utilização de uma fonte renovável de energia, na produção dessa embalagem e a redução de emissões de 71% dos gases causadores do aquecimento global. Essa atitude do anunciante está explicitada no slogan, que, somado ao tema, explicita para o leitor os objetivos da campanha:

NOVOS REFIS NATURA

Redução de plástico. Renovação de ideias. Respeito à natureza.

Bom para você, bom para o planeta.

> **Processo catafórico:** processo de coesão textual, pelo qual a informação nova é apresentada na sequência do enunciado. Em geral, ela é indicada pelos dêiticos "este, esta e isto".

O texto inicia-se por uma sequência injuntiva, expressa pelo imperativo, pela qual a empresa convida o leitor, por meio de um processo catafórico, indicado pelo dêitico "isto", a realizar uma ação que será expressa em seguida. Segue-se uma sequência argumentativa, concretizada em um enunciado de atribuição de qualidade, registrando a posição da NATURA, em relação ao meio ambiente. Em seguida, vem uma sequência expositiva por meio da qual é apresentada ao leitor a informação sobre o novo refil. Feito o convite e introduzido o novo produto, é apresentada a sua caracterização, por meio de uma sequência descritiva. Nela, encontramos três tipos de construções linguísticas:

1. Adjetivação:

   a) expressa por meio de adjetivos que acompanham substantivos, como **inovador** plástico, origem **renovável**, impacto **ambiental,** gases **causadores,** aquecimento **global;**

   b) por meio de orações subordinadas adjetivas explicativas desenvolvidas, como em "**o que reduz o impacto ambiental e a emissão de gases causadores do aquecimento global**", ou reduzida, como "**feito de cana-de-açúcar**".

2. orações coordenadas com a presença da adjetivação, como em "**Seu inovador plástico tem origem renovável e é 100% reciclável**";

3. uso da prefixação em vocábulos que indicam o novo aspecto do produto, como em **inovador, renovável, reciclável.**

Encerra o texto uma sequência argumentativa em que um enunciado de atribuição de qualidade finaliza a apresentação do novo produto, objetivando captar a atenção do leitor para levá-lo à compra do produto. Do ponto de vista linguístico, são construções nominais, ou seja, elas não têm verbo, sendo seu núcleo um substantivo, como em "Novo refil Erva Doce. Nova referência de inovação, economia e responsabilidade ambiental". Por serem mais sintéticas, seu grau de informatividade é maior e, portanto, exigem mais esforço na sua compreensão por parte do leitor. Logo, seu poder argumentativo é mais intenso.

Capítulo 6 Anúncio publicitário: a comunicação persuasiva **137**

Cabe destacar outro recurso argumentativo, que se fundamenta no nível morfológico ou da estrutura da palavra: é o uso da prefixação. Interessa-nos, sobretudo, a incidência do prefixo RE, em várias palavras, como refil, renova, reforçando, renovável, reciclável, que introduz a ideia de repetição. Entretanto, há no texto outras palavras que iniciam pela sílaba RE ou RES e que não são prefixos, mas que reforçam, por um processo analógico, a ideia de repetição. São elas: repare, reduz, respeita, recursos, reservas, referência, responsabilidade. A repetição desse traço linguístico é uma estratégia argumentativa, obtida pela epímone, figura de linguagem por meio da qual se insiste na ideia de "ação repetida, mas renovada", cujo propósito comunicativo é chamar a atenção do leitor sobre um ponto que se julga relevante, no caso em tela, o lançamento da nova embalagem (refil), ecologicamente correta. A informação sobre a novidade é também reforçada por meio da figura de sintaxe poliptoto em que a repetição do adjetivo novo, contido em outras palavras do texto, como INOVADOR e RENOVÁVEL, sob formas diferentes, destaca o caráter inédito do produto, bem como da marca ao substituir os invólucros tradicionais por outros que respeitam o meio ambiente.

Ainda do ponto de vista linguístico, no slogan, a escolha por construções nominais, formadas por substantivo abstrato seguido de complemento nominal, explicita os três pontos que fundamentam a campanha: Redução de plástico. Renovação de ideias. Respeito à natureza. Essas construções são seguidas de duas construções adjetivas: Bom para você. Bom para o planeta. Também nesse conjunto linguístico, além da anáfora, está presente uma figura de linguagem, o isócolo, que produz efeitos no nível sonoro dos textos. Sua função é, pela musicalidade, fixar-se na lembrança do possível comprador do produto anunciado. Por meio desse recurso, aqui são enfatizados os dois destinatários dos benefícios do novo produto: o consumidor e o planeta. Consequentemente, por um raciocínio inferencial, o leitor conclui: por essas razões, devo adquirir esse novo produto e contribuir com o futuro do planeta. Dessa forma, a persuasão se efetiva, o anúncio atinge seu objetivo comunicativo e a marca diferencia-se entre as concorrentes.

É importante destacar-se que o processo persuasivo constrói-se, no discurso publicitário, na estreita intercomplementaridade entre os elementos verbais e os não verbais. Esse aspecto já foi destacado por Umberto Eco (1971), quando diz que:

> *Os códigos publicitários funcionam num duplo registro: a) verbal; b) visual.*

Epímone: figura de construção que consiste na repetição enfática de uma mesma palavra ou elemento linguístico. A conceituação das figuras de linguagem fundamenta-se na Retórica Moderna, tendo como base a obra de Hênio Tavares, no capítulo que focaliza esses recursos linguísticos .

Poliptoto: figura de sintaxe que resulta da repetição da mesma palavra, mas com variações, como em Novo refil. Nova referência.

Anáfora: figura de construção que consiste na repetição da mesma palavra ou expressão no começo de diferentes, frases, períodos ou versos: Bom para você, bom para o planeta.

Isócolo: presença de construções linguísticas de mesma extensão, que dão ritmo ao texto, como ocorre no slogan desse anúncio.

[...]

Uma das finalidades de uma investigação retórica sobre a publicidade é ver como se cruzam as soluções retóricas nos dois registros.

Assim, nesse anúncio, vemos que, no nível visual, a metáfora (O novo refil é um broto da cana-de-açúcar) é a figura de linguagem que sustenta a sua construção, a qual, somada às figuras presentes no nível verbal (epímone, poliptoto e isócolo), por meio da repetição de informação e da musicalidade, aspectos aliados às sequências argumentativas, à descritiva e à expositiva, criam a teia persuasiva que enreda o leitor, atraindo sua atenção, despertando-lhe o desejo pelo produto e levando-o à sua aquisição.

Outro recurso persuasivo utilizado pelo anunciante foi lançar o produto por meio de uma sequência de anúncios, na qual cada peça destaca um aspecto a ser retido pelo consumidor. Enquanto o anúncio analisado focou a renovação do produto e da marca, já indicada no tema, o próximo enfatiza a redução de gases causadores do aquecimento global, ou seja, o foco agora é a marca e sua visão da sustentabilidade ambiental. Tal como no anterior, o tema é o primeiro componente apresentado ao leitor, sendo mantidas a disposição gráfica, as cores e o seu simbolismo e os elementos linguísticos.

O que muda nesta peça é o cenário sobre o qual está projetado o primeiro plano. O pano de fundo é o mar, que, em ondas suaves, vai do azul-marinho a um azul um pouco mais claro, entremeado de faixas de luz branca. Dele, emergem duas embalagens do produto, agora a linha *Tododia*, uma cheia e outra vazia, estando esta última depositada sobre um saco plástico alaranjado (embalagem do refil), cor que não estava no anúncio anterior, que contém o produto. Lembramos que o laranja é uma cor quente e é considerada por especialistas uma cor alegre, que interfere positivamente na mente do ser humano, estimulando a compreensão em relação ao outro e despertando nos indivíduos atitudes positivas frente à vida. Logo, é uma cor ativa que significa movimento e espontaneidade. No produto lançado, a sua presença está coerente com os objetivos da campanha e, por um processo psicológico, desperta no consumidor atitudes positivas, voltadas ao respeito à natureza e à preservação ambiental. Outro ponto diferenciador em relação ao primeiro anúncio é a informação sobre as vantagens da nova embalagem para o ambiente, que está no lado esquerdo inferior e que indica a redução de 83% de plástico em relação à embalagem original, fato que leva à redução de 97% da geração de lixo. Assim, no nível visual, neste segundo anúncio, a figura de linguagem que embasa o não verbal é a metonímia expressa pela relação de causa e efeito existente entre o produto reciclável (o saco alaranjado do refil) e a preservação do meio ambiente, no caso, os oceanos, pois, como é do conhecimento de todos, os resíduos plásticos lançados aos mares levam séculos para se decompor.

O texto, tal como no primeiro anúncio, começa por uma sequência injuntiva que incita o leitor à reflexão sobre informações que serão introduzidas por um processo catafórico, indicado pelo dêitico "isto" que vem seguido de dois pontos, como marca de pontuação. Esse sinal, por indicar uma pausa maior no texto, prende a atenção do leitor sobre o que será dito: "a redução do impacto ambiental e a emissão de gases causadores do aquecimento global" é também a responsabilidade da Natura. Em outras palavras, entre as muitas posições responsáveis da marca, soma-se mais essa. Como resultado dessa atitude da empresa, os novos refis foram repensados, reformulados e renovados. Por esse processo inovador, suas embalagens são produzidas com 83% menos plástico e geral 97% menos lixo que os invólucros originais. Consequentemente, resulta, por parte da marca, em "mais respeito ao meio ambiente, mais inovação e mais economia". Repete-se neste texto o mesmo slogan do anúncio anterior.

Do ponto de vista linguístico o que se observa neste anúncio, diferentemente do anterior, é que, nele, além da sequência injuntiva inicial, há um conjunto de sequências argumentativas. Elas, por seu valor de atribuição de qualidades, em um jogo de causas e consequências, funcionam como argumentos a favor do ponto de vista proposto no slogan, persuadindo, assim, o leitor e levando-o à identificação com a marca, por seus propósitos ecologicamente corretos, e à aquisição dos produtos que têm o novo refil. Soma-se a esses aspectos, a presença de palavras com a sílaba inicial RE, logo a presença da epímone, além da anáfora e do isócolo.

A diferença deste segundo anúncio em relação ao primeiro é, além do foco na responsabilidade da empresa, a presença da nova embalagem com sua cor vibrante. Ela atrai a atenção do leitor não só pela posição em que está na página (canto inferior à direta), mas também pela nova informação imagética, o dado novo, que também prende a atenção do consumidor.

Pelo exposto, vemos, mais uma vez que a intercomplementaridade entre o não verbal, por meio da metonímia, e o verbal, pela presença da epímone, da anáfora e do isócolo, estruturam a argumentação deste segundo anúncio. Ela é reforçada pelas sequências argumentativas que expressam relações de causa e consequência, tal como a metonímia, captando, assim, o leitor não só pela inovação do produto lançado, mas também por seu caráter social em função de sua preocupação com a preservação da natureza.

O terceiro anúncio difere radicalmente dos anteriores. Primeiramente, por ele ocupar duas páginas e, depois, por predominar o elemento terrestre, possivelmente um gramado, sobre o qual estão deitadas duas figuras humanas, simbolizando uma jovem mãe de 32 anos e sua pequena filha de quatro anos, como vem indicado no rodapé da primeira página. Ambas têm uma expressão despreocupada e feliz e, sobretudo, a menina simboliza a esperança no futuro, no qual o meio ambiente deve representar um papel fundamental, daí a responsabilidade da Natura: contribuir com a preservação da natureza, por meio de produtos recicláveis, para que as crianças tenham amanhã um mundo melhor. Nesta peça, é introduzida a figura de linguagem, de acordo com Eco (1971, p. 163), de maior presença nos anúncios publicitários: a antonomásia, pois

> cada entidade isolada que aparece na imagem é, o mais das vezes, o representante, por antonomásia subentendida, do próprio gênero ou da própria espécie. Uma jovem ao tomar uma bebida comporta-se como "todas as jovens".

A cor predominante nesta peça é o verde, representado por uma grama saudável, que oscila entre tons escuros e claros, sendo estes últimos resultantes da luz solar que incide sobre o gramado. O tema, por sua vez, ocupa as duas páginas estando o prefixo RE em branco e em letras maiores na página esquerda e FIL e SPEI-TA, na página direita, respectivamente em verde e em branco, sendo o tom do verde mais claro que o do gramado. Ele introduz o terceiro ponto da nova campanha: o respeito à natureza.

No canto direito da página direita, estão as linhas de produtos *Tododia* com sua embalagem natural e o refil e a ERVA DOCE, também com sua embalagem originais e seu refil. O saco alaranjado do refil ficou entre as duas linhas e, pelo seu formato, dá ao leitor a impressão de estar abraçando os dois tipos de produto, parecendo, dessa forma, constituir uma família. Aqui, uma nova figura no âmbito imagético está presente, a metáfora que pode verbalmente ser traduzida pela metáfora linguística "As linhas de produtos da Natura são uma família". Novamente, a cor do

Capítulo 6 Anúncio publicitário: a comunicação persuasiva **141**

novo invólucro destaca-se dos demais elementos que compõem o anúncio, bem como o rótulo verde do refil *erva doce*.

Quanto ao texto verbal, também escrito em branco, tem a injunção como sequência inicial, convidando o leitor a repensar sobre uma informação a ser apresentada a seguir em um processo catafórico. Essa informação é apresentada por meio de uma sequência narrativa, na qual a Natura lembra ao leitor que ela foi a primeira empresa a lançar produtos com refil, o que ocorreu em 1984. Essa informação é fundamental para o leitor avaliar o passo que a empresa está dando. Esse dado histórico é contraposto pelo operador argumentativo "mas" que introduz, por meio de uma sequência argumentativa, a ideia de renovação quanto à sua responsabilidade e, em razão dela, a marca inovou seus refis. Há, portanto, entre esses dois enunciados uma relação de causa e consequência. A seguir, vem outra sequência argumentativa, que também estabelece relação de causa e consequência entre os enunciados, além de introduzir a ideia nova do respeito à natureza: como os refis foram "repensados, reformulados e refeitos, eles agora têm embalagens renovadas que reforçam nosso respeito ao meio ambiente". A última sequência do texto também é argumentativa, e expressa declarativamente as novas referências do produto/marca. Constatamos que, neste terceiro anúncio, o elemento linguístico RE, e, portanto, a presença da epímone, seja na forma de prefixo ou não, conserva seu papel como recurso argumentativo, dando ênfase tanto ao lançamento do refil quanto ao da nova responsabilidade da Natura.

> Sequência narrativa: esse tipo de sequência apresenta enunciados indicativos de ações.

O slogan, por sua vez, mantém-se o mesmo, sendo, porém, apresentado em letras maiores que nos anúncios anteriores, o que reforça o feito da Natura, dando-lhe, portanto, um traço diferencial em relação às demais marcas do mercado. Lembramos que, como recursos retóricos, a anáfora, enfatizando o binômio consumidor/planeta e o isócolo, elemento de musicalidade do slogan, garantem, no âmbito linguístico, a força da argumentação.

A articulação entre o nível visual, no qual se destacam a antonomásia e a metáfora; e o verbal, em que figuras de repetição e de harmonia estão presentes, bem como as sequências textuais que organizam o texto do anúncio, garante a força persuasiva deste anúncio no que diz respeito ao seu conteúdo: as novas referências de inovação, economia e responsabilidade. Essas referências, mais uma vez, enlaçam o consumidor pela economia e a empresa pela nova postura no lançamento do novo produto e na preservação do meio ambiente.

A trilogia analisada mostra-nos que, tanto no nível verbal, quanto no visual, os recursos argumentativos se repetem, mas apresentam particularidades a cada anúncio. A cada peça um aspecto novo do produto/marca foi apresentado ao leitor e é por essa razão que a persuasão se completa com a leitura do terceiro anúncio, garantindo a adesão do leitor aos propósitos comunicativos do anunciante e agregando, também, valor ao produto/marca.

Até este momento de nossa exposição, caracterizamos o anúncio como peça publicitária, inclusive assinada, como está demonstrado no terceiro anúncio, do lado direito, no alto da página, logo abaixo do logotipo da Natura, espaço em que está registrado o nome da Agência responsável pela produção do anúncio. Como também já demonstramos, a empresa assume, nessa campanha, uma posição de responsabilidade em face das questões ambientais, respeitando a natureza e contribuindo com a sua preservação. Assim, nesta peça, além da venda do produto, o anunciante vende uma ideia: a defesa do meio ambiente com base na produção de embalagens recicláveis e não poluidoras, logo, há um duplo objetivo na campanha: vender um novo produto ecologicamente correto ao público consumidor e mostrar-se como uma empresa que valoriza a sustentabilidade do ambiente e realiza ações propositivas nesse sentido. Portanto, há uma inter-complementaridade entre publicidade e propaganda, tal como as diferenciamos neste trabalho, nos anúncios analisados.

> **Nota:** De acordo com Lomas (1996), os meios de comunicação de massa (imprensa e televisão) afetam a concepção que o público tem do mundo, por meio de estratégias específicas , das quais derivam hábitos de pensamento.

Como a publicidade ocupa, atualmente, na sociedade um grande espaço não só como veiculação de produtos, mas também como formadora de modos de pensar (LOMAS, 1996), é de grande importância o ensino dos gêneros textuais desse domínio discursivo na escola. A seguir, apresentamos uma possível proposta de trabalho com anúncios publicitários, tema deste capítulo, com base em uma sequência didática.

6.4 EXPLORANDO O GÊNERO ANÚNCIO NA ESCOLA

a. Atividade: Produção de anúncios publicitários

b.Objetivos:

1. Identificar os aspectos psicológicos presentes no anúncio.

2. Identificar os procedimentos verbais e não verbais dos anúncios.

3. Conhecer as sequências textuais e as marcas linguísticas que as particularizam.

Capítulo 6 Anúncio publicitário: a comunicação persuasiva 143

4. Produzir anúncios publicitários para a venda de produtos novos, criados pelos estudantes.

c. Desenvolvimento:

Apresentação da situação

- Propor a leitura de alguns anúncios, solicitando que os estudantes observem as suas particularidades.

- Discutir, após a leitura, oralmente, os aspectos destacados, e elaborar com a classe um quadro-síntese desses aspectos, apontando que funções eles têm nos anúncios.

- Apresentar a proposta de trabalho da sequência didática: criação de um produto ainda não existente no mercado, e produzir sua divulgação por meio de anúncios.

Módulo 1: estudo do anúncio

Retomar alguns dos anúncios propostos na apresentação para em conjunto:

- analisar a sua estrutura (o nível visual e o verbal), fazendo a descrição desses dois níveis;
- Mostrar nesses dois níveis a presença de figuras de linguagem;
- analisar as sequências textuais presentes no texto verbal, discutindo suas particularidades linguísticas;
- estabelecer a inter-relação entre todos os aspectos estudados e mostrar a sua importância para o processo persuasivo.

Avaliação: propor a leitura de dois outros anúncios já discutidos na apresentação e solicitar aos estudantes que façam a sua análise, seguindo o roteiro apresentado aqui.

Módulo 2: estudo das sequências textuais presentes nos anúncios já analisados

- Caracterizar as sequências encontradas, por meio de exemplos práticos, indicando as suas especificidades.
- Solicitar aos alunos que tragam alguns anúncios impressos em revistas e que, em grupo, levantem as sequências textuais que eles apresentam, identificando suas marcas linguísticas.
- Apresentar para a classe a análise feita pelos grupos.

Avaliação: atribuir conceito a essa apresentação.

> **ATENÇÃO**
>
> *lembramos que, na sequência didática, como foi explicado no primeiro capítulo, procede-se à avaliação formativa, que significa, nos módulos, realizar avaliações qualitativas e, apenas na avaliação final, ela ser quantitativa.*

Módulo 3: estudo das figuras de linguagem nos níveis verbal e no visual

- Caracterizar as figuras de linguagem na perspectiva da Retórica Tradicional.

- Retomar alguns dos anúncios da apresentação e analisar as figuras presentes nesses textos, primeiramente no nível verbal, depois no visual.

- Retomar os anúncios trazidos pelos alunos e, novamente, em grupo, solicitar que verifiquem as figuras presentes nessas peças publicitárias.

- Caracterizar para os alunos a intercomplementaridade entre o código verbal e o visual, bem como a importância das sequências textuais para a construção da persuasão.

- Complementar a análise dos anúncios já estudados, acrescentando esse novo aspecto.

Avaliação: propor a análise de outro anúncio escolhido pelo professor, na qual deverão ser observados todos os aspectos já estudados.

d. Avaliação final: propor que os estudantes criem um produto ainda não conhecido na sociedade. Após a sua criação, eles deverão produzir o anúncio para a divulgação e venda do produto. Nesta elaboração, eles deverão aplicar todos os elementos discutidos nos módulos. Depois de concluído o trabalho, os anúncios serão apresentados para a classe na forma de varal. Na apresentação, os colegas farão uma primeira avaliação, indicando o melhor trabalho. Em seguida, o professor poderá convidar o professor de Arte, por exemplo, para que atue como um juiz especializado para escolher o melhor trabalho.

Na avaliação, além da originalidade do produto criado, o professor deverá considerar a presença de todos os aspectos estudados que caracterizam o anúncio publicitário impresso.

6.5 PARA FINALIZAR

Quanto ao ensino de Língua Portuguesa, destacamos que a escolha de se usar o anúncio impresso em sala de aula, além de ser um trabalho centrado em um gênero que circula nas esferas da sociedade, traz, para a escola, a possibilidade de se olhar a língua em uso em uma situação comunicativa específica, a do diálogo do anunciante com o consumidor, motivando-o à aquisição de um produto. O tratamento pedagógico desses textos pode ser desenvolvido por meio da pedagogia da leitura, da escrita ou a da léxico-gramatical, focalizadas em separado. Neste capítulo, porém, buscamos mostrar a possibilidade de articulação dessas três pedagogias, pois, a partir de uma cuidadosa leitura analítica, na qual questões linguísticas e lexicais foram consideradas, propusemos a produção de um novo anúncio, em que o estudante deverá aplicar os conhecimentos adquiridos na etapa anterior, realizando, assim, uma atividade típica da pedagogia da escrita, tendo como suporte o conhecimento linguístico. Por fim, gostaríamos de destacar que esse tipo de atividade propicia o desenvolvimento da competência comunicativa, sobretudo, de forma específica, a da competência leitora, a da linguística, a da textual-discursiva, a da estratégica, a da semiótica e a da competência literária, contribuindo para a formação de um usuário competente e capaz de tornar-se um "poliglota na própria língua".

SUGESTÕES DE LEITURA

MALANGA, Eugênio. **Publicidade** – uma introdução. São Paulo: Atlas, 1976.

MARCUSCHI, Luiz Antônio. **Produção textual, análise de gêneros e compreensão**. São Paulo: Parábola, 2008.

PEREZ, Clotilde. **Signos da marca** – expressividade e sensorialidade. São Paulo: Pioneira Thomson Learning, 2004.

REFERÊNCIAS BIBLIOGRÁFICAS

ADAM, Jean-Michel. **Les texts**: types e prototypes. Paris: Nathan, 1992.

ADAM, Jean-Michel. **A linguística textual:** introdução à análise textual dos discursos. São Paulo: Cortez Editora, 2008.

ECO, Umberto. Algumas verificações: a mensagem publicitária. In:ECO, Umberto. **A estrutura ausente**. São Paulo: Editora da USP, 1971. p. 156-184.

FARIAS, Talden Queiroz. **Publicidade e propaganda no Código de Defesa do Consumidor**. Âmbito Jurídico, Rio Grande, v. 28, 30 abr. 2006. Disponível em:<http://www.ambito-juridico.com.br/site/index.php?n_link=revista_artigos_leitura&artigo_id=1082>. Acesso em: 28 jun. 2011.

HOUAISS, Antônio. **Dicionário Houaiss da língua portuguesa**. 1. ed. Rio de Janeiro: Objetiva, 2001.

KOTLER, Philip. **Marketing** – edição compacta.São Paulo: Atlas, 1986.

LOMAS, Carlos. **El espectáculo Del deseo** – usos y formas de La persuasión publicitária.1ed.Barcelona: Octaedro, 1996.

MALANGA, Eugênio. **Publicidade** – uma introdução. São Paulo: Atlas, 1976.

MARCUSCHI, Luiz Antônio. Gêneros textuais: definição e funcionalidade. In: DIONÍSIO, Angela Paiva; MACHADO, Anna Rachel; BEZERRA, Maria Auxiliadora (orgs.). **Gêneros textuais & sino**. Rio de Janeiro: Lucerna, 2002. p. 19-36.

_____. **Produção textual, análise de gêneros e compreensão**. São Paulo: Parábola, 2008.

NUNES JUNIOR, Vidal Serrano. **Publicidade comercial**: proteção e limites na Constituição de 1988. São Paulo: Juarez Oliveira, 2001, p. 21-22.

PEREZ, Clotilde. **Signos da marca** – expressividade e sensorialidade. São Paulo: Pioneira Thomson Learning, 2004.

RIZZO, Esmeralda. Publicidade e sua história. In: CONTRERA, Malena Segura; HATTORI, Osvaldo Takaoki (orgs.). **Publicidade e Cia**. São Paulo: Pioneira Thomson Learning, 2003. p. 63-76.

TAVARES, Hênio. Figuras e tropos. In: **Teoria literária**. 5. ed. Belo Horizonte, Editora Itatiaia, 1974, p. 321-383.

ANEXOS

7

O gênero poema e a dupla face da metáfora: expressão linguística e processo cognitivo

A metáfora foi sempre considerada, desde os tempos de Aristóteles, um recurso linguístico para tornar o discurso mais belo. Logo, foi vista como uma figura de linguagem, enquadrada em um tipo conhecido pela designação de Tropo. Essa foi a forma de tratamento que ela recebeu nos estudos da linguagem, durante mais de 2000 anos. Nos anos 1950, com a retomada dos estudos retóricos, ela foi considerada um recurso argumentativo (PERELMAN; OLBRECHTS-TYTECA, 1996), mas ainda ligada ao nível linguístico. Nos 1970, do século XX, ocorreu uma forte ruptura em relação a essa forma de entendimento que a deslocou do âmbito da expressão linguística para o do pensamento. Em razão dessa mudança, ela passou a ser vista como um processo cognitivo fundamental, que dá forma ao nosso pensamento e à nossa ação (LAKOFF; JOHNSON, 1980). Assim, o objetivo deste capítulo é caracterizar a metáfora como figura de linguagem e como figura de pensamento, focalizando o gênero poema, mais especificamente, no "Sou um guardador de rebanhos", de Alberto Caeiro. A exposição divide-se em cinco partes: apresentação do conceito de figura; a metáfora na perspectiva da Retórica e da Poética, a metáfora na perspectiva da Linguística Cognitiva, a leitura do poema e, por último, a proposta de uma atividade de leitura.

Tropo: vocábulo que, no grego, significava caminho, maneira. Na Retórica Clássica, eles "eram figuras cujo mecanismo semântico fundamentava-se na expressão linguística de uma idéia que convém a outra ideia, as duas estando ligadas entre si, por uma relação de analogia, de inclusão etc. Chamava-se tropologia o estudo dos tropos". (NEVEU, 2008, p. 297)

Nota: na história da Retórica, podemos distinguir diferentes períodos, com características particulares. São elas:

- a Retórica Antiga, período greco-latino, no qual seu objeto foi a persuasão no mundo grego, e a preocupação com o bem falar, no mundo romano;
- a Retórica Clássica, que abrange do século I d.C. ao século XVIII, continua valorizando o embelezamento da expressão, concebendo, portanto, a figura como ornamento e desvio do uso cotidiano e comum da linguagem;
- a Retórica Moderna, que se inicia no século XIX, chega ao século XX, porém, bastante modificada em relação ao modelo greco-latino. Dela restará somente uma de suas partes, a elocutio, voltada para a construção linguística e para os recursos que a ornamentam;
- no século XX, no final dos anos 1950, surge a Nova Retórica, proposta por Perelman e Olbrechts-Tyteca. Retomando as ideias de Aristóteles, ela está preocupada com a argumentação no discurso jurídico e considera as figuras recursos argumentativos;
- finalmente, nos anos 1970 , em Liège, na Bélgica, surge o Grupo μ que propõe a Retórica Geral, que vê a figura como um desvio em relação a um grau zero esperado.

7.1 CONCEITO DE FIGURA

Na Grécia, por volta do século IV a.C., no campo da Filosofia, surgem as primeiras reflexões sobre a metáfora. Para Sócrates, ela fazia parte da Retórica e era um importante recurso para ganhar discussões, para raciocinar e para persuadir. Platão, por sua vez, além de considerar a sua força argumentativa, criticava os filósofos que a empregavam como forma de desviar seus interlocutores da verdade. Foi com Aristóteles que ela recebeu um tratamento sistemático como uma figura de linguagem específica, o tropo, tendo sido focalizada tanto na Retórica quanto na Poética.

Do ponto de vista etimológico, figura é termo proveniente do vocábulo latino figura que se prende ao verbo *fingĕre*, o qual significa fingir, inventar e modelar. O substantivo figura, por seu lado, pode significar a forma exterior de um corpo, de um edifício, de um objeto qualquer, em outras palavras, a sua configuração. Pode também ser indicativo de sua estrutura ou ainda significar objeto modelado, maneira de ser, feição, fisionomia, semblante, parecença, além de representar formas e precauções de expressão, relacionadas ao elemento verbal, como ensinam Silveira Bueno (1974) e José Pedro Machado (1967) em seus dicionários etimológicos. Todos esses valores, direta ou indiretamente, perpassam os diferentes conceitos que, historicamente, foram atribuídos às figuras de linguagem(Cf. PALMA, 1998).

Em Picoche e Honeste (1994), encontramos que a palavra "figura" referia-se, originalmente, ao objeto modelado, na argila, pelas mãos do artista; posteriormente, por abstração, passou a indicar forma de ser e a estrutura, para, em seguida, por especialização de sentido, designar forma de estilo e forma gramatical. Enfatizando o aspecto metafórico, esses autores afirmam que "afigura de retórica latina é a maneira pela qual o orador modela seu estilo, como o escultor modela a argila para melhor representar ao outro o que ele tem no espírito" (1994, p.112). Esse termo, manifestação concreta de uma transposição de sentido, já é por si revelador da questão básica e fundamental relacionada às figuras: a da transferência de sentido. Logo, a linguagem figurada está intrinsecamente relacionada à mudança de sentido e ao desvio do uso comum das palavras.

Aristóteles, como representante da Retórica Antiga que vai até Cícero, tratou da metáfora como figura de linguagem em sua obra *A Arte Retórica*. Ao focalizar o estilo, Aristóteles trata da expressão adequada ao "discurso puro e simples", fazendo, nesse mo-

Capítulo 7 — O gênero poema e a dupla face da metáfora: expressão linguística e processo cognitivo **155**

mento, referência à **metáfora**, abordando, embora indiretamente, a questão da figura no discurso persuasivo. Diz ele:

> *O princípio exposto justifica-se porque o emprego de tais termos se aparta demasiado do estilo conveniente. 6. O termo próprio, o vocabulário usual e a metáfora são as únicas expressões úteis para o estilo do discurso puro e simples. O que confirma é que elas são as únicas a serem utilizadas por toda a gente; não há ninguém que na conversação corrente não se sirva de metáforas, dos termos próprios e dos vocábulos usuais"* (p. 176).

É importante lembrarmos que, à época do filosofo grego, não havia sido, ainda sistematizada a taxionomia das figuras, o que será feito por seu discípulo Teofrasto. É também a partir dessa época que se instaurou a questão do sentido próprio e do figurado nos estudos da linguagem, tendo como ponto de partida o conceito que Aristóteles atribuiu à metáfora:

> *Vi um homem que, com fogo, colava bronze sobre outro homem. A operação não tinha nome especial, mas em ambos os lados se encontra uma ideia de aplicação. O autor serviu-se do verbo colar para traduzir o fato de aplicar uma ventosa. De um modo geral, de enigmas bem-feitos é possível extrair metáforas apropriadas,* **porque as metáforas são enigmas velados e nisso se reconhece a transposicão de sentido bem-sucedida***. (p. 177)– grifo nosso.*

A leitura da Retórica mostra-nos dois aspectos em relação à metáfora: a transposição do sentido inerente a essa figura e a primazia dada a ela na teoria da elocução aristotélica, sendo destacado o seu poder de valorização ou desvalorização do discurso. É importante apontarmos que, nas reflexões desse filósofo, houve um espaço restrito para outras figuras. Em Roma, Quintiliano, representante da Retórica Clássica, juntamente com Dumarsais, em sua obra *Instituição Oratória,* século I d. C., além de agrupar os ensinamentos da Retórica Antiga, consolidando-a, introduz uma nova vertente nessa área de estudo, caracterizando-a como a arte de bem dizer e abandonando o aspecto pragmático básico do discurso, enfatizado pela Retórica Antiga: a persuasão.

Para ele, o locutor deve, conscientemente, estar preocupado em falar bem e não em convencer o outro da verdade de seu ponto de vista. Para falar bem, o orador necessita de um instrumen-

---

ATENÇÃO

sabemos da estreita relação que há entre as diferentes retóricas e o conceito de figura. Nesta exposição, buscamos acompanhar essa relação, tal como foi proposto em Palma (1998) que fundamenta essa caracterização.

Nota: Aristóteles via a metáfora como um conjunto de conhecimentos de categorias e regras do qual apenas uma parte dizia respeito a aspectos linguísticos. Era, portanto, uma técnica,concebida como "a faculdade de ver teoricamente o que, em cada caso, pode ser capaz de gerar a persuasão" (*Retórica,* capítulo II, p.33).

Nota: segundo Todorov (1979), foi depois dos discípulos de Aristóteles que as figuras passaram a ser cada vez mais valorizadas. Essa valorização deu-se em um processo crescente ao longo dos séculos, tendo atingido seu ápice no século XIX, restando da Retórica somente elas.

Nota: a Retórica Antiga pós-aristotélica propunha cinco etapas para a elaboração do discursivo: a invenção ou a descoberta do que dizer; a disposição ou a organização do material levantado; a elocução ou a produção linguística e sua ornamentação, a memória, ou o ato de decorar o discurso e a ação, ou apresentação pública do discurso como um ator(Cf. PALMA; ZANOTTO, 2000).

tal, daí a valorização da elocutio. É a Retórica que lhe fornece os recursos linguísticos embelezadores de seu discurso a fim de atingir a função estética. É nos livros VIII a X, entre os doze volumes que formam a *Instituição Oratória*, que ele trata dos tropos e das figuras.

Ele conceitua a figura como *skhéma*, ou seja, alteração feita no sentido das palavras, afastando-se da forma usual e ordinária de comunicação, introduzindo a oposição sentido próprio/sentido figurado. O primeiro tem por objetivo a clareza e o segundo, o sentido transposto, tem em vista a beleza do discurso.

Ele também lança seu olhar sobre a forma, presente na caracterização do tropo e da figura. Para ele, o primeiro relaciona-se à mudança de significação de uma palavra, locução ou acepção própria por outra que ela não tem. A figura, por sua vez, além desses traços, altera a maneira simples e comum de expressão, fato que a identifica como desvio do uso ordinário. Vemos, assim, na caracterização das figuras de linguagem, a presença da oposição sentido próprio/sentido figurado e a concepção desses recursos como formas desviantes de uma construção primeira, fundamentada na intencionalidade, além da visão como ornato. Esse enfoque persistirá ao longo dos tempos, chegando até os nossos dias.

Outro autor que tratou das figuras foi Dumarsais, gramático enciclopedista francês. Ele conceituava a figura como a "forma exterior de um corpo" (Des tropes, p. 7, apud TODOROV, 1979). Vemos que ele retoma a etimologia da palavra figura, e, embora não o explicite, também a vê como desvio, pois, na Enciclopédia, afirma que:

> *Esta segunda espécie de construção chama-se construção figurada porque, com efeito, ela se reveste de uma figura, de uma forma, que não é a construção simples. A construção figurada é, na verdade, autorizada pelo uso particular; mas ela já não é conforme a maneira de falar mais regular, ou seja, a esta construção completa e seguida de que primeiramente falamos. (Oeuvres, V, p.17 apud TODOROV, 1979)*

Em 1821, teve início a Retórica Moderna, com o surgimento da primeira obra do autor francês Fontanier, *Manual clássico para o estudo dos tropos* que, fiel ao título, dedicava-se ao estudo dos tropos. Posteriormente, em 1827, foi publicada uma segunda obra, abordando outras figuras que não os tropos. Mais tarde, as

Capítulo 7 O gênero poema e a dupla face da metáfora: expressão linguística e processo cognitivo 157

duas obras foram reunidas sob o título *As figuras do discurso*. Para ele, a figura é uma construção anômala, na qual o que predomina:

São os traços, as formas ou os torneios mais ou menos notáveis e de um efeito mais ou menos feliz, pelos quais o discurso, na expressão das ideias, dos pensamentos ou dos sentimentos afasta-se mais ou menos daquilo que tem sido a expressão simples e comum (FONTANIER, 1977, p. 66).

Assim, ao longo dos séculos, a figura foi vista como uma construção desviante em relação a uma forma comum e usual de expressão. Daí as figuras de linguagem terem sido consideradas desvio.

Em 1958, com a publicação do *Tratado da argumentação - a nova retórica,* de Perelman e Olbrechts-Tyteca, houve uma retomada da Retórica Aristotélica. Nessa obra, os autores têm por objetivo o estudo das técnicas discursivas que levam ao convencimento, direcionadas a situações de uso da linguagem natural e polissêmica, cuja finalidade seja a adesão de um interlocutor. O Tratado caracteriza-se como uma teoria da argumentação, revelando-se essa teoria legítima herdeira da Retórica Aristotélica até mesmo em sua estrutura a qual enfatiza, prioritariamente, a construção de argumentos, embora não abandone as questões de composição e de estilo. Em relação a este último, os autores não retomam a classificação tradicional das figuras, mas propõem as "figuras argumentativas", englobam as figuras de caracterização, as figuras de presença e as figuras de comunhão. Eles não aceitam para as figuras a função de simples ornato proposta pelas Retóricas Clássicas e Modernas, sublinhando seu papel argumentativo. Perelman e Tyteca colocam o problema da seguinte forma:

Para nós, que nos interessamos menos pela legitimação do modo literário de expressão do que pelas técnicas do discurso persuasivo, parece importante não tanto estudar o problema das figuras em seu conjunto quanto mostrar em que e como o emprego de algumas figuras determinadas se explica pelas necessidades da argumentação (1996, p. 190).

Os autores partem do pressuposto de que a figura resulta da dissociação entre o uso normal de uma estrutura e o seu uso no discurso, a qual é percebida e reconhecida pelo ouvinte como uma distinção entre fundo e forma. Quando, porém, a partir da percepção inicial, a distinção anula-se como consequência do efeito do discurso, pode-se dizer que as figuras desempenham plenamente seu papel argumentativo. Caso a distinção continue sendo marcada, então, as figuras serão simples ornatos e, consequentemente, meras figuras de estilo. Outro aspecto digno de relevo é o caráter contextual que os autores atribuem à figura, além da negação da sua existência a priori: ela é concebida como uma possibilidade discursiva, um vir a ser.

Segundo os autores, a metáfora apresenta-se como um rico recurso argumentativo, por favorecer a adesão do ouvinte. Assim, há um interesse particular de Perelman e Tyteca pelos raciocínios analógicos, os quais fundamentam a construção de metáforas, endossando a tradição que valoriza os tropos e, entre eles, a metáfora.

Ao encerrar este breve percurso histórico, com vistas a caracterizar a figura, podemos afirmar que as figuras de linguagem, ao longo dos séculos, foram consideradas ornatos acrescidos a um sentido primeiro, objetivando a fuga a um modo de expressão ordinário, ora visando à persuasão, ora ao bem falar, ora ao bem escrever. Nessa perspectiva, os tropos tiveram posição destacada, ficando as demais figuras relegadas a um plano secundário. Esse breve panorama evidenciou outro aspecto relativo às figuras, qual seja, as dicotomias sentido próprio/sentido figurado e sentido literal/sentido figurado. São questões que atravessam os tempos e que, ainda hoje, são objeto de reflexão por parte dos estudiosos da linguagem.

7.2 A METÁFORA NA VISÃO TRADICIONAL

Como já vimos, o conceito de metáfora foi sistematizado por Aristóteles, daí a origem grega desse vocábulo que assim está constituído: *metá*, que significa trans, e *phérein* indica mudança, transferência, transposição. Portanto, etimologicamente, metáfora pressupõe a transposição de sentido. Como recurso linguístico, ela foi, ao longo dos séculos, tratada por diferentes autores, sob perspectivas distintas, às vezes complementares, às vezes divergentes. Apesar das diferenças, podemos considerar uma trajetória dessa figura, dos tempos gregos aos anos 1970, que a identifica como ornamento do discurso, que aqui designamos por visão tradicional.

Nessa perspectiva, na Poética, a metáfora é assim definida:

7. Metáfora é a transposição do nome de uma coisa para outra, transposição do gênero para a espécie, ou de uma

Capítulo 7 O gênero poema e a dupla face da metáfora: expressão linguística e processo cognitivo **159**

espécie para o gênero, ou de uma espécie para outra, por via de analogia. 8. Quando digo do gênero para a espécie é, por exemplo: "minha nau aqui se deteve", pois lançar ferro é uma maneira de "deter-se". 9. Da espécie ao gênero: "certamente Ulisses levou a feito milhares e milhares de belas ações", porque "milhares e milhares" está em lugar de "muitas". 10. Da espécie para a espécie: "tendo-lhe esgotado a vida com o bronze" e de "cinco fontes cortando-lhe o duro bronze"; aqui "esgotar" equivale a "cortar" e "cortar" equivale a "esgotar": são duas maneiras de tirar. 11. Digo haver analogia quando o segundo termo está para o primeiro, na proporção em que o quarto está para o terceiro, pois, neste caso, empregar-se-á o quarto em vez do segundo e o segundo em lugar do quarto. (ARISTÓTELES, s/d, p. 274)

Portanto, o filósofo atribui-lhe o conceito de "deslocamento, de transferência e de movimento de... até" (FILIPACK, 1983, p. 25). Esse autor destaca ainda que, para Aristóteles, a metáfora abrigava todas as figuras de transferência de significado, como sinédoques, metonímia e metáfora analógica. Filipack (p.21), com base em Ricoeur (1977), acrescenta que

> *Essa preferência aristotélica de vincular a definição de metáfora aos támèrê, constituintes: nome, palavra, adjetivo, verbo, em lugar dos tá skhêmata, a nível de elocução: discurso, enunciado, vai selar por séculos, como diz Ricoeur, a sorte da metáfora, que vai fincar um pé na Retórica e outro na Poética, não a nível de enunciado, metáfora-enunciado, mas a nível dos tá mèrê , segmentos do enunciado, o nome, a palavra, portanto, a metáfora-palavra. (Ricoeur,23)*

De acordo com Todorov (1979), no mundo latino, Cícero, Horário e Longino propuseram a metáfora como ornamento e enfatizaram a importância da observação dos princípios da harmonia, da adequação e da congruência. Esse ornamento era acrescido a uma forma primeira de dizer, simples e usual, gerando, assim, uma construção desviante, cujo objetivo era o embelezamento do discurso, efeito discursivo a ser atingido. Quintiliano, ainda segundo Todorov, por sua vez, viu essa figura como equivalente a translação, logo um tropo, concebendo-a como uma comparação abreviada, ou seja, o nexo comparativo entre o comparado e o comparante foi omitido, como ocorre nos exemplos: "O mar é como um tapete de veludo verde-azulado" (comparação, pois o elemento comparativo está expresso) e "O mar é um tapete de

Sinédoque: substituição de um vocábulo por outro, com base em uma relação de abrangência, como a parte pelo todo e vice-versa, o gênero pela espécie e vice-versa, a matéria pelo instrumento, como em "Vivemos sob o mesmo teto", em lugar de "casa" (Sinédoque particularizante), ou "O laranjal perfumava o ar", em que o todo está em lugar das partes. Os insetos invadiram a cozinha (baratas)]; "tendo-lhe esgotado a vida com o bronze", em que "bronze" está em lugar de "arma".

Metonímia: substituição de uma palavra por outra, com base em uma relação de contiguidade, como autor/obra; efeito/causa; marca pelo produto etc., como "Camões repousa na estante da biblioteca", em que Camões está em lugar de Os lusíadas; "Ganhar o pão com o suor do rosto, em que pão está por alimento e suor por trabalho"; "Comprei um Armani", em que Armani (marca) está em lugar do produto (vestido).

Metáfora analógica: metáfora que está explicitada no item 11 na citação anterior e que é definida por Aristóteles como uma epífora (deslocamento, transferência), uma transposição de nome estranho fundamentada em relação analógica, em que A:B::C:D. O autor esclarece com o seguinte exemplo atribuído a Empédocles: "A tarde é a velhice do dia, a velhice é a tarde da vida".

Nota: Filipack esclarece que a metáfora-palavra é construída "pela transposição de um nome para um nome estranho, isto é, de outra área semântica" (p.46). Ele apresenta como exemplos dessa metáfora:

- O substantivo: "Este homem é uma raposa";
- O adjetivo: cheque-frio; tempo louco, inflação galopante etc.
- O verbo: "O dólar falou mais alto"; "o mar desmaia na praia" etc.
- O advérbio: "falar secamente"; "Comportar-se animalescamente" etc.
- O particípio: morto de fome, inflamado de cólera; gelado de medo etc.

Nota: No original, "surge el concepto de la 'sustitución', según El cual la figura puede ser reemplazada por una parafrasis sin perdida de significado, con locual estaríamos hablando de un recurso alternativo"(tradução nossa).

veludo verde-azulado" (metáfora ou comparação abreviada pela ausência do nexo comparativo).

No século XVII, o Racionalismo e o Empirismo, recém-surgidos, preocupados com a clareza da língua, consideraram a metáfora um ornamento supérfluo, com valor meramente estilístico. Nesse período, segundo Fernández (1996, p. 49) "surge o conceito da 'substituição', segundo o qual a figura pode ser substituída por uma paráfrase literal sem perda do significado, com o qual estaríamos falando de um recurso alternativo da linguagem".

No século XVIII, o filosofo napolitano Giambattista Vico, em sua obra *A nova ciência* (1999), propõe que a primeira manifestação da linguagem humana foi metafórica, tendo, posteriormente, perdido o seu caráter figurado. O autor destaca que o uso da metáfora na linguagem é inerente à atividade verbal e a considera a transferência de sentido entre realidades de naturezas diferentes. Portanto, ele a concebe como um processo cognitivo e não como figura de linguagem.

No século XIX, Shelley, Wordsworth e Coleridge, citados por Fernández (1996), negaram o caráter ornamental da metáfora, consideraram-na uma forma de pensar e de agir e reivindicaram a força criadora de dois elementos: extravagância e imaginação. A linguagem, por seu turno, é essencialmente metafórica, daí a metáfora possibilitar a intensificação de uma atividade típica da linguagem. Essa visão apresenta pontos em comum com as propostas de Vico, no século XVIII e a de Lakoff e Johnson nos anos 80 do século XX.

No século XX, surgiram muitas teorias explicativas da metáfora, em distintas áreas de conhecimento, com diferentes linhas e com perspectivas diversas. Entre elas, interessa-nos a proposta da Linguística Cognitiva, apresentada por Lakoff e Johnson (1980).

7.3 A METÁFORA COMO PROCESSO COGNITIVO

A década de 1970 marca o fim da supremacia do Behaviorismo na Psicologia e o questionamento do objetivismo na Ciência em geral, o que significará possibilidades de expansão para essas duas áreas. Para as figuras de linguagem, sobretudo para a metáfora que, por mais de 2000 mil anos é a figura mais valorizada e estudada como ornato discursivo, os estudos da Psicologia Cognitiva, da Linguística e da Filosofia, contestando o objetivismo e sua valorização da razão, abrem espaço para a metáfora na ciência, o que até então era evitado. Essa nova concep-

Capítulo 7 O gênero poema e a dupla face da metáfora: expressão linguística e processo cognitivo **161**

ção foi discutida em trabalhos precursores que, de certa forma, anunciaram-na. Autores como Jean Baptista Vico, Jean Jacques Rousseau, Nietzsche,Cassirer, Richards e Black fazem questionamentos à visão tradicional. A partir daí, diversos trabalhos (ORTONY, 1979; HASKELL, 1987; LAKOFF, 1987; TURNER, 1987; LAKOFF; TURNER, 1989, entre outros) discutem a metáfora como forma de representação e, consequente, cognição do real, espelhando crenças individuais e sociais. Esse interesse pela metáfora, sob a nova perspectiva, tem se mantido ao longo de mais de 30 anos. Hoje, ela é aceita como processo cognitivo fundamental, além de ser também um recurso de linguagem, manifestando-se, significativamente, na linguagem quotidiana. tendo perdido o estigma de linguagem extravagante ou esquisitice linguística. Nesse percurso, o trabalho de Lakoff e Johnson (1980) *Metaphors we live by* é decisivo.

Esse trabalho, focalizando a metáfora como processo cognitivo fundamental, mostra-nos que o ser humano, quando vivencia novas experiências e necessita representá-las cognitivamente, utiliza processos associativos fundamentados na semelhança ou na analogia, aproximando domínios diferentes da realidade. Dessas aproximações nascem as metáforas conceituais, presentes tanto na vida cotidiana quanto nas obras de arte. São elas formas de se ver o mundo; são recortes específicos do real, típicos de determinados agrupamentos humanos, ou seja, são representações sociais.

Em uma perspectiva cognitiva, essa concepção da metáfora como "instância altamente reveladora da capacidade humana de fazer sentido" (STEEN, 1994) difunde-se nas Ciências Sociais, tendo os psicólogos aderido ao novo paradigma, sendo acompanhados pelos linguistas cognitivos e pelos antropólogos, entre outros. Esse interesse pela metáfora é designado pelo autor de "*virada cognitiva na metaforologia*". Assim, a *metaforologia* ou *paradigma cognitivo* concebe a metáfora como figura de pensamento, a qual se manifesta superficialmente como tropo, ou seja, no enunciado linguístico. Se tomarmos como exemplo o poema de Vinícius de Moraes "A Rosa de Hiroxima", já no seu título há uma metáfora linguística, representando a bomba atômica. Essa metáfora da rosa estende-se pelo poema, sendo retomada sob formas diversas e criando uma rede que caracteriza, na sua globalidade, a bomba atômica na visão do eu-lírico: "A rosa hereditária/A rosa radioativa estúpida e inválida/ a rosa com cirrose/ a antirrosa atômica sem cor sem perfume sem rosa sem nada". Do ponto de vista cognitivo, todas essas metáforas

Nota: nas Ciências, o mito do objetivismo considera que o conhecimento científico deveria ser objetivo e deveria buscar a verdade, além de impedir a presença da subjetividade do cientista e de serem as pesquisas submetidas à experimentação. Lakoff e Johnson rejeitam o objetivismo por ele conceber o mundo constituído por objetos distintos, com propriedades inerentes e fixas, passíveis de acesso pela mente racional, sem considerar o conhecimento prévio e o contexto de uso. Endossam o novo paradigma que propõe que "vejamos os objetos como entidades relativas às nossas interações com o mundo e com nossas projeções sobre ele" (1980, p. 210).

Nota: como já vimos, Vico, ao tratar das origens da linguagem humana, destaca sua natureza concreta e suas analogias com a linguagem poética em épocas distintas na história da humanidade. Em sua teoria, Vico dá ênfase à metáfora e ao pensamento concreto.

Vinícius de Moraes: autor modernista, é considerado um dos melhores poetas líricos, surgidos na década de 1930. Além da poesia, dedicou-se também ao teatro e à música popular brasileira, tendo se destacado no movimento conhecido como bossa nova. Sua obra é extensa e de grande inspiração poética.

ATENÇÃO

os conceitos metafóricos são representados pelos autores em letras maiúsculas, para diferenciá-los das metáforas linguísticas.

concretizam linguisticamente a metáfora conceptual (figura de pensamento) que orientou a criação das metáforas linguísticas: A BOMBA ATÔMICA É UMA FLOR MALÉFICA, que traduz a visão que o poeta tem desse artifício bélico. Essa metáfora resultou da aproximação por semelhanças entre dois domínios de conhecimento: o da guerra e o da natureza. No mapeamento cognitivo feito, o elemento comum encontrado foi a forma da bomba ao explodir e o da a flor.

Lakoff e Johnson (1980), questionando ser a metáfora um recurso típico do fazer poético ou retórico, apontam seu papel nas criações da linguagem ordinária. Consideram que, mais do que fenômenos de linguagem, as construções metafóricas são uma questão de pensamento e de ação. Consequentemente, o sistema conceitual humano, no pensar e no agir humano, é fundamentalmente metafórico. Os autores tomaram, como ponto de partida, a reinterpretação da *metáfora do canal*, proposta por Reddy, em 1979, destacando ser a linguagem um veículo para o pensamento. Esse autor havia constatado que, tradicionalmente, concebia-se que

> *(1) a linguagem funciona como um conduto, transferindo pensamentos corporeamente de uma pessoa para outra; (2) na fala e na escrita, as pessoas inserem nas palavras seus pensamentos e sentimentos; (3) as palavras realizam a transferência ao conter pensamentos e sentimentos e conduzi-los às outras pessoas; (4) ao ouvir e ler, as pessoas extraem das palavras, os pensamentos e os sentimentos novamente. (p. 290)*

A conclusão de seus estudos mostrou que a *metáfora do canal* é complexa, sendo estruturada pelas seguintes metáforas:

A MENTE É UM RECIPIENTE (DE IDEIAS).

AS IDEIAS (OU SENTIDOS) SÃO OBJETOS.

AS EXPRESSÕES LINGUÍSTICAS SÃO RECIPIENTES PARA IDEIAS E OBJETOS.

COMUNICAR É ENVIAR.

COMPREENDER É PEGAR.

Esses conceitos metafóricos são expressos linguisticamente pelas seguintes metáforas linguísticas que, frequentemente, são metáforas convencionais, características do falar cotidiano e, portanto, não são percebidas pelos falantes, como ocorre com as metáforas de invenção, típicas da linguagem literária. Vejamos alguns exemplos:

A MENTE É UM RECIPIENTE (DE IDEIAS).

Não consigo **tirar** essa música da minha cabeça.

Sua cabeça **está cheia** de ideias interessantes.

IDEIAS SÃO OBJETOS.

Não consigo **achar** essa ideia em nenhum lugar do texto.

Você me **deu** uma ideia interessante.

AS PALAVRAS SÃO RECIPIENTES

Não consigo **pôr** minhas ideias em palavras.

Seu discurso é **vazio**.

COMUNICAR É ENVIAR.

Vou tentar **passar** o que tenho na cabeça.

Até que enfim você está conseguindo **passar** suas ideias para mim.

COMPREENDER É PEGAR.

Ele conseguiu **pegar** as ideias do autor.

Não consegui **pegar** o que ele quis dizer.

Uma das decorrências desse estudo é a revisão do próprio conceito de linguagem, a partir do questionamento feito por Reddy (1979) da metáfora do canal. Também a concepção de comunicação é revista, pois, segundo Lakoff e Jonhson, esses conceitos fornecem uma compreensão parcial da comunicação, que, até então, era pensada e caracterizada como container dos pensamentos, sendo, portanto, determinada e não interacional. Zanotto et al. (2002, p. 16) destacam que

> [...] a metáfora do canal é uma "forma congelada de pensar"(MEY, 1994), automatizada, segundo a qual as

> *pessoas pensam e interagem, sem ter consciência dela, ou seja, ela constrói um quadro ilusório da comunicação e nós nos comunicamos regidos pela crença de que o fazemos de forma unívoca e transparente e não de que estamos construindo o sentido com base em nossas experiências e conhecimento de mundo.*

Diante desses questionamentos, Reddy cria a metáfora dos *tool makers*, os "construtores de instrumento". Ele parte de uma situação imaginária, na qual os participantes vivem isolados em ambientes diferentes e interagem somente por meio da troca de rascunhos com instruções sobre a construção de instrumentos. Os interlocutores não têm possibilidade de contato físico nem comunicativo com aqueles com quem interagem. Ao criar um instrumento, um indivíduo do grupo A, que vive em uma realidade diversa da do indivíduo B, deve trocar com ele o esboço desenhado, que vai sem indicações de material e que está adequado ao meio ambiente do autor. O indivíduo B não consegue identificar o material nem a utilidade do objeto, por ser estranha ao seu *habitat*. Após alguns insucessos na interpretação do sentido das instruções, B reenvia um novo desenho com sua percepção do instrumento, e assim sucessivamente, até chegar à estabilização do sentido, o que ocorre depois de diversas etapas de interação e de negociação. Por essa nova metáfora, a dos "construtores de instrumentos",

> *[...] nós vemos que é importante o contexto em que cada um vive para interpretar as instruções de construção dos instrumentos. Da mesma maneira, o contexto de cada um, assim como o conhecimento prévio, é importante na construção dos sentidos de um texto, e nós não chegaremos necessariamente ao significado que o autor "pôs lá", mas poderemos construir interpretações não previstas pelo autor* (ZANOTTO et al., 2006, p. 385).

Portanto, essa concepção de comunicação instaura espaço para a indeterminação do sentido, sobretudo em relação à metáfora, para a interação e para a negociação na construção das interpretações dos textos, as quais, na visão anterior do paradigma objetivista, não eram objeto de consideração.

O pensar metafórico é acionado todas as vezes que, diante de alterações conceituais, surge a necessidade de representação de um domínio de conhecimento por outro. Lakoff e Johnson (1980)

Capítulo 7   O gênero poema e a dupla face da metáfora: expressão linguística e processo cognitivo **165**

veem a metáfora como um recurso para se organizarem ideias, servindo para veicular, por meio de conceitos mais concretos, outros mais abstratos. Essas são as metáforas estruturais, segundo os autores, tendo em vista que estruturam o sistema conceitual humano de forma sistemática. Ao mesmo tempo, elas iluminam alguns aspectos de um conceito e ocultam outros, manifestando-se na língua. Assim, TEMPO É DINHEIRO é um **conceito metafórico** na cultura ocidental, capitalista, a qual concebe o tempo como mercadoria de valor. Metáforas como *gastar o tempo, investir o tempo* estão presentes no falar quotidiano ocidental, o que revela, por parte dos falantes do Português, por exemplo, uma concepção de tempo como mercadoria, levando-os a agir, em relação a ele, em termos de orçamento, investimento ou poupança. Mesmo na cultura ocidental, embora a maioria dos países adote o capitalismo, há diferenças na concepção de tempo, como ocorre com os hispano-falantes, por exemplo, para quem o conceito metafórico de tempo é TIEMPO ÉS ORO, ou seja, eles atribuem ao tempo um valor maior, por ser o ouro um metal nobre e por servir de parâmetro para a valorização das moedas nacionais. Esse aspecto mostra o forte vínculo dos conceitos metafóricos com a cultura.

Além das metáforas estruturais, os autores propõem as metáforas orientacionais, que se fundamentam em nossa experiência física e cultural e expressam conceitos de orientação espacial, tendo como referência o corpo humano, como FELIZ É PARA CIMA; TRISTE É PARA BAIXO; BOM É PARA CIMA; MAU É PARA BAIXO; FELICIDADE É PARA CIMA; VIDA É PARA CIMA, entre outras. Acrescentam-se a ela as metáforas ontológicas que resultam da experiência dos seres humanos com objetos físicos, sobretudo seu corpo, que é a base para essas metáforas. Elas mostram formas de se conceberem emoções, ideias, eventos, atividades etc., como entidades e substâncias, como se pode constatar em MENTE É UMA MÁQUINA; MENTE É UM OBJETO QUEBRADIÇO, ou em casos de personificação, que são extensões das metáforas ontológicas como INFLAÇÃO É UMA PESSOA.

As metáforas convencionais, segundo os autores, estão incorporadas ao nosso sistema conceitual, estruturando o mundo de certa forma, gerando, portanto, representações sociais. Ressaltam que novas criações determinam novas realidades, o que resulta em mudança no sistema conceitual e a consequente incorporação de novas representações sociais, evidência da função cognitiva dessa forma de representação.

Integra ainda a teoria, além da noção de conceito metafórico, a ideia de **sistema metafórico**. Caracterizam-se como conjuntos de conceitos metafóricos, fundados na subcategorização, mostrando relações de vínculo entre as metáforas e manifestando-se, de forma diversa, em uma língua. São reveladores das concepções de mundo de uma dada comunidade. No topo do sistema, está o conceito mais específico. A título de exemplo, apresenta-se o sistema metafórico que caracteriza a leitura em nossa cultura. Ela, frequentemente, é caracterizada pelo conceito metafórico: LEITURA É ALIMENTO. Relacionado a ele, temos outros conceitos, como DEVORAR UM LIVRO, DIGERIR UM TEXTO, SABOREAR UM POEMA etc. Esse conjunto, encabeçado pelo conceito LEITURA É ALIMENTO, forma um sistema metafórico.

Em um artigo publicado em 1986, Lakoff debruça-se na explicação do conceito metafórico, baseado na similaridade. Destaca que o conceito metafórico AMOR É UMA VIAGEM apresenta atualizações diversas, englobando até as formas como se viaja: Nossa relação não chega a lugar algum "O namoro está decolando" O casamento afundou" e muitas outras, as quais indicam que se conhece um domínio da experiência AMOR pelo de VIAGEM. Por assim proceder,a metáfora pode ser compreendida como um mapeamento do domínio fonte VIAGEM, para o domínio alvo AMOR, havendo uma correspondência ontológica biunívoca de elementos de conjuntos diferentes. Vê-se que, nesse processo, é estabelecida uma relação de equivalência entre os dois domínios, o que permite raciocinar sobre o amor com o conhecimento que se usa para raciocinar sobre viagem. As correspondências ontológicas mapeiam o cenário "viagem", chamado de estrutura do conhecimento, para uma correspondência no cenário amor, com vistas a encontrar as alternativas de ação, o que mostra ser a metáfora uma questão de raciocínio e não de linguagem. Com base nessas observações, Lakoff afirma que, na Língua Inglesa, há uma única metáfora para se conceituar amor, qual seja AMOR É UMA VIAGEM, sendo os demais casos meras manifestações linguísticas desse conceito metafórico e não outras metáforas.

Partindo do princípio de que expressões convencionais expressam ideias convencionais, Lakoff discute a relevância da convencionalização do mapeamento. Para ser parte automática e normal do modo como se entende a experiência, a metáfora precisa ser uma unidade do sistema metafórico do grupo. Além disso, o uso de um sistema metafórico deve ser consciente e pressupor esforço por parte do usuário.

Capítulo 7 O gênero poema e a dupla face da metáfora: expressão linguística e processo cognitivo **167**

Como vimos, a metáfora foi o centro desses estudos, embora no texto de Lakoff e Jonhson, de 1980, encontremos referências à metonímia. Apesar dessa limitação, as pesquisas realizadas provocaram uma verdadeira revolução, colocando a metáfora como interesse central de muitas disciplinas. Eles tiveram como foco a descrição do raciocínio metafórico não estabelecendo relações mais amplas com outras formas de pensar, o que, atualmente, tem sido feito por muitos pesquisadores do pensar figurado.

No contexto dessas mudanças, a metáfora tem sido considerada por muitos estudiosos um aspecto semântico que é parte constituinte de uma característica essencial da linguagem humana, a indeterminação, que, por sua vez, está intrinsecamente ligada a outro fator fundamental da linguagem, a negociação de sentidos. Essa forma de se conceber a metáfora está relacionada às mudanças paradigmáticas ocorridas na década de 1970, que, como já vimos, levaram a rupturas com o paradigma objetivista, o qual, por mais de 2000 anos, havia orientado os estudos desse aspecto da linguagem. Após, o trabalho de Lakoff e Jonhson (1980), a metáfora deixa de ser vista apenas como fenômeno linguístico e passa a ser concebida como fenômeno cognitivo fundamental.

Nesse contexto, a metáfora, do ponto de vista linguístico, como aspecto semântico impreciso, é estudada com o objetivo de se aprofundarem questões relacionadas à construção dos múltiplos sentidos que ela possibilita ao interlocutor em situações comunicativas as mais diversas, sendo uma delas a da leitura como evento social ou leitura de texto compartilhada em grupo, que apresentamos na Seção a seguir.

7.4 LEITURA DO POEMA

Como sabemos, a leitura, apesar da grande evolução tecnológica que o homem tem vivenciado, tem ganhado espaço na sociedade do conhecimento. O ser humano precisa dela para interagir com as diferentes mídias que o cercam, sobretudo a Internet, pois é por meio do ler que ele ampliará seu repertório de informações e construirá novos conhecimentos. Apesar desses avanços tecnológicos, que pressupõem novos suportes para os textos, o ato de ler, no sentido intrínseco dessa palavra, como construção de sentido, ainda preserva os traços que caracterizam uma leitura produtiva e um leitor proficiente.

Em nossa exposição, consideramos que a linguagem é indeterminada, possibilitando a negociação de sentidos por parte dos interlocutores e concebemos a leitura como um processo interacional entre o leitor e o autor que interagem por meio do texto. Tendo esses pressupostos como referência, entendemos que a leitura que faremos do poema é um "evento social de leitura" (Bloome, 1983,1993).

Esse autor rejeita os modelos anteriores, de base psicológica e cognitivista, alegando que eles não consideram o aspecto social e o cultural. Nessa medida, ele define a leitura como um processo social e cultural que permite que se estabeleçam relações sociais e identidades sociais. Ele parte do constructo básico de que o indivíduo age e reage e, por essa razão, considera que essas ações e reações entre os seres humanos são de natureza linguística e semiótica, envolvendo, portanto, a linguagem em suas diversas manifestações, a qual possibilita a criação de significados e de ações sociais e culturais. Bloome aponta, os seguintes aspectos básicos da leitura como evento social: a indeterminação e a intertextualidade. Com base nessas posições, o autor considera a leitura um evento social "não só como um caminho para se estabelecer, manter ou mudar relações e identidades sociais, como também uma dimensão do comportamento social no grupo ou na comunidade" (1993, p. 100). Tanto a leitura individual como a coletiva, realizada por um grupo de indivíduos, são consideradas pelo autor um evento social. Assim, passamos à leitura do poema, ou seja, participamos de um evento social de leitura, em que a interação e a negociação ocorrem entre o autor Fernando Pessoa e os leitores Dieli e Márcio.

O poema de Pessoa, sob o heterônimo Alberto Caeiro, inicia-se com uma sequência textual expositiva, que, por meio de um enunciado declarativo, identifica o eu-lírico, como um guardador de rebanhos, informação que cria para o leitor uma expectativa na construção do sentido do poema. No segundo verso, porém, há uma metáfora linguística sintagmática que quebra essa expectativa e desperta a nossa atenção pelo estranhamento que há entre o comparado (rebanho) coletivo de ovelhas e o comparante (pensamentos), traço típico do ser humano, estabelecendo uma relação entre dois domínios de conhecimento, o dos animais e o dos seres humanos.

No verso seguinte, há uma sequência descritiva que esclarece para o leitor, por meio de uma nova metáfora, o caráter dos pensamentos: são sensações. A incongruência dessa metáfora está na relação entre pensamentos (aspecto da racionalidade humana) e sensações (aspecto da sensibilidade humana), pois, por

Capítulo 7 O gênero poema e a dupla face da metáfora: expressão linguística e processo cognitivo **169**

nosso conhecimento prévio, sabemos que pensamentos não são sensações. O conteúdo dessa metáfora é reforçado pelos três versos seguintes, na forma de sequências expositivas construídas por um processo baseado em sinédoques (parte pelo todo) pelo qual os cinco sentidos humanos são apresentados. Por essa estratégia textual-discursiva, o poeta mostra-nos como é o seu rebanho de pensamentos-sensações.

A segunda estrofe, também constituída por sequências expositivas, tem um caráter de exemplificação, por meio da qual o eu-lírico concretiza o que seja o ver e o cheirar uma flor e o que seja comer e saborear um fruto. No segundo verso, há um jogo de palavras criado pelo verbo "saber", que aqui está empregado em seu sentido original "de ter sabor ou gosto" do latim *sapĕre*, (FERREIRA, 1999, p. 1792) e "sentido" que, segundo o mesmo lexicógrafo, na primeira acepção de "sentido" pode ter como sinônimo "sensível". Esse termo, por sua vez, traz na acepção 3 o sentido "Que pode ser percebido pelos sentidos"(p. 1838), ou seja, comer uma fruta é saboreá-la. Modernamente, predomina a forma gramaticalizada desse verbo, ou seja, saber no sentido de conhecer.

A terceira estrofe começa por um operador argumentativo de valor conclusivo (por isso), logo uma sequência argumentativa, o que indica que as estrofes anteriores apresentaram os motivos para a informação que vem a seguir: a tristeza do poeta ao gozar intensamente um dia de calor, conteúdo paradoxal, pois, por nosso conhecimento de mundo, sabemos que os dias quentes, por terem a presença do sol, em geral provocam alegrias. Essa contradição mais uma vez nos instiga a buscar no texto o esclarecimento desse sentimento, que, antes de ser esclarecido, é precedido por três sequências expositivas, cujos verbos explicitam ações com detalhes (deitar de comprido na relva, fechar os olhos quentes, sentir todo o corpo deitado na realidade) que se caracterizam como um ritual de preparação para o desenlace da situação descrita. É importante destacar que, na caracterização dessas ações, novamente o poeta rompe com a nossa expectativa pelas incompatibilidades semânticas que introduz: em "fechar os olhos quentes", há uma figura, a hipálage, que subverte a lógica da realidade, pela qual "uma palavra que deveria qualificar determinado termo, passa a qualificar outro" (TAVARES, 1974). Assim, não são seus olhos que estão quentes, mas seu corpo, porém a transgressão dá força argumentativa e estética ao texto. Também em "sentir todo o corpo deitado na realidade", há uma construção pouco comum, pois o usual seria deitar o corpo no chão,

Nota: as línguas não são nem estáticas nem cristalizadas e, pelo uso, estão em constantes movimentos de renovação. Em função dessa movimentação, ocorre o aparecimento de novas funções para as formas já existentes ou também de novas formas para as funções já existentes, indicando a presença de uma "gramática emergente". Esse processo aponta para a gramaticalização pelo qual itens lexicais tornam-se gramaticais e, posteriormente, ampliam seu grau de gramaticalização. A transferência de um sentido literal para outro figurado e o de um domínio de conhecimento para outro, provocando o deslizamento de um sentido mais concreto para um mais abstrato é uma manifestação da gramaticalização. Pode-se exemplificar essa situação com o verbo "saber", que em sua origem significava ter gosto, perceber pelo gosto; mas por transferência metafórica passou a ter o sentido de ter inteligência, conhecer, ou seja, sentir o gosto pela mente. Esses dois usos estão presentes no poema, ocorrendo a gramaticalização no último verso.

entretanto a escolha do substantivo realidade, ligado ao adjetivo "deitado", que abrange o ambiente idealizado no poema, cria uma incoerência semântica e gera uma nova metáfora, sobretudo por sua relação com o verbo "sentir".

O último verso do poema, finalmente, traz a conclusão antes anunciada: "sei a verdade e sou feliz". Desta vez, o verbo "saber" está empregado no sentido já gramaticalizado de "conhecer" e esse conhecimento, que vem da mente (percepção racional), mas foi percebido pelos sentidos (percepção sensorial), representa a verdade e gera a felicidade do eu-lírico. Assim, o guardador de rebanhos de pensamentos-sensações, por meio da relação entre o racional (saber 2) e o sensível (saber 1), conhece a verdade e experimenta a felicidade.

Antes de passarmos à discussão da metáfora como processo cognitivo, destacamos que, no poema, há outras figuras de linguagem que, juntamente com as metáforas, formam uma importante rede de elementos linguísticos para a construção dos sentidos do poema.

Sendo a metáfora um recurso cognitivo, qual foi o conceito metafórico que orientou a construção desse poema? Parecer que há dois conceitos: o primeiro, uma metáfora estrutural, aquela em que um conceito é estruturado metaforicamente em termos de outro, fundamenta as metáforas linguísticas da primeira estrofe, bem como a exemplificação da segunda e as ações descritas na terceira estrofe: PENSAMENTOS SÃO CONJUNTOS (REBANHOS) DE SENSAÇÕES, pois, como já mostramos, pensamentos não são sensações, portanto, o conceito foi estruturado em termos de outro. Foi essa metáfora que direcionou a construção do poema até o penúltimo verso. Ele nos mostra a presença de outra metáfora, qual seja, FELIZ É PARA CIMA. Em lugar de uma metáfora estrutural, temos uma orientacional, que tem por base nossa experiência física e cultural. Segundo Lakoff e Johnson (1980), a postura física caída traduz tristeza e depressão e a ereta, alegria e felicidade; portanto, um estado emocional positivo. Assim, embora o eu-lírico esteja deitado, seu corpo está, ao comprido, logo distenso, apoiado na relva e, por esse apoio, ele sente o ambiente que o envolve e que lhe propicia bem-estar, a ponto de perceber a verdade e ser feliz. Em síntese, a inter-relação entre os dois conceitos metafóricos orientou a elaboração do poema, por parte do poeta, e direcionou a construção de sentidos de nossa parte como leitores.

7.5 A LEITURA COMO EVENTO SOCIAL: UMA POSSIBILI-DADE DE PRÁTICA PEDAGÓGICA

Do ponto de vista pedagógico, metodologicamente, a leitura como evento social é um caminho para tornar a aula de leitura mais interativa e participativa, abrindo espaço para a voz dos estudantes. Zanotto, desde 1995, tem proposto o "pensar alto em grupo" como recurso pedagógico. Essa proposta apresenta muitos aspectos positivos, como:

- possibilita múltiplas leituras de um texto, abolindo da sala de aula a leitura única;
- afasta do professor o papel de única "autoridade interpretativa";
- abre a possibilidade de o professor atuar como mediador em sala de aula;
- abre espaço para a conversas sobre o texto;
- leva ao aprendizado do "ouvir" tanto por parte do professor quanto dos alunos;
- permite aos estudantes exercitar a negociação de sentidos.

Assim, o pensar alto em grupo é, segundo Zanotto (1997), "uma prática de leitura aparentemente muito simples, mas que pode ter implicações muito complexas e relevantes". Ele consiste em uma leitura coletiva, feita por pessoas que mantêm, entre si, relações sociais frequentes e estruturadas, como, por exemplo, professor/alunos, aluno/classe, alunos/alunos e alunos/professor-mediador.

Após leitura(s) individual(is) e silenciosa(s), por aproximadamente dez minutos, momento em que os participantes constroem uma primeira interpretação do texto, o mediador solicita ao grupo que verbalize sua compreensão/interpretação do texto lido. Começa um processo de discussão e de negociação das interpretações do texto, no qual os participantes explicitam as estratégias individuais utilizadas para a construção do sentido (Cf. ZANOTTO e PALMA, 2008).

É um processo interativo, que pode aumentar de intensidade, em função da habilidade do mediador, que deve animar a discussão, lançando perguntas desafiadoras ou retomando ideias pertinentes, propostas por meio do revozeamento. Nesse processo a habilidade de negociação é fundamental, por parte dos alunos, e a de mediação é essencial, por parte do mediador. Frequente-

> Revozeamento: segundo Lemos (2005) é um técnica discursiva que possibilita encaixar os estudantes, nas discussões em grupo, em papéis específicos, com vistas à sua participação. Com base em O'Connors e Michaels (1996), a autora assim o conceitua: "entendemos por revozeamento um tipo especial de reelaboração expressiva (oral ou escrita) da contribuição do aluno – realizada por outro participante da discussão" (p. 44). O objetivo dessa técnica é dar voz ao estudante para que ele se integre nas atividades desenvolvidas em classe.

mente, nessas situações, há a construção de relações sociais e de identidades sociais, fato que possibilita aflorar as diferenças de personalidade, que devem ser controladas pelo mediador. Como resultado do pensar alto em grupo, a construção do sentido resulta do consenso, tendo por base a negociação. Destacamos que ele pode ser aplicado em qualquer gênero textual e não somente nos textos literários.

Proposta de Atividade

Objetivo: Aplicar em aula de leitura o pensar alto em grupo

ETAPAS

1. Escolher um texto que apresente construções linguísticas desafiadoras e que possibilitem a discussão.

2. Explicar aos estudantes a metodologia antes da realização do pensar alto em grupo.

3. No dia da realização da atividade, quando a classe for grande, dividi-la em grupos, atribuindo a um aluno, previamente escolhido e preparado, o papel de mediador. Neste caso, o professor, nesta etapa, fará a supervisão, auxiliando os mediadores. Se a classe for pequena, o professor será o mediador.

4. Determinar um tempo para a realização do pensar alto.

5. Socializar o trabalho dos grupos com a classe, com um encaminhamento de síntese.

6. Avaliar com os estudantes a atividade realizada.

7.6 PARA FINALIZAR

O pensar alto em grupo, além de tornar as aulas de leitura mais dinâmicas e envolver os estudantes nessa atividade, pode também, para o estudante, propiciar o desenvolvimento de atitudes compartilhadas em função de um objetivo comum: a construção do(s) sentido(s) do texto. Essa possibilidade existe em razão de serem a cooperação e o engajamento dos participantes o fundamento da leitura participativa. Para o professor, pode representar o aprimoramento de sua prática, no sentido de que exercitar a mediação passa pelo esclarecimento de dúvidas, pela orientação de discussões e pela solução dos conflitos instaurados. Também implica abdicar de seu papel de detentor do saber, pois, em relação à leitura, a legitimação de sua interpretação do texto lido não está prevista, na medida em que ela é uma das possíveis leituras do texto. Enfim, o pensar alto em grupo, como metodologia, possibilita a construção do conhecimento pelos estudantes, com uma vivência ativa no processo de ensino e de aprendizagem, e atribui ao professor a condução das atividades como par mais experiente nesse caminhar.

SUGESTÕES DE LEITURA

LAKOFF, George; JOHNSON, Mark. **Metáforas da vida cotidiana.** (coordenação de tradução Mara Sophia Zanotto). Campinas: Mercado de Letras/São Paulo: Educ, 2002.

ZANOTTO, Mara Sophia; PALMA, DieliVesaro. Opening Pandora's Box – Multiple reading of 'a metaphor'. In: ZANOTTO, Mara Sophia; CAMERON, Lynne; CAVALCANTI, Marilda C.– (ed.). **Confronting metaphor in use** – an applied linguistic approach.Amsterdam: John Benjamins Publishing Company, 2008.

REFERÊNCIAS BIBLIOGRÁFICAS

ARISTÓTELES. **Arte retórica e arte poética**. Rio de Janeiro: Ediouro, Col. s/d.

BLOOME, David. Reading as a Social Process. In **Advances in reading language research,** vol. 2, p.165-195.

BLOOME, David. Necessary Interderminacy and Microethnographic Study of Reading as a Social Process". In **Journal of research in reading,** 16 (2), p. 98-111.

FERNÁDEZ, Eva Samaniego. **La traducción de la metáfora**. Valladolid: Secretariado de Publicaciones e Intercambio Científico, Universidad de Valladolid, 1996.

FERRERIA, Aurélio Buarque de Holanda. **Novo Aurélio** – século XXI. 3. ed. Rio de Janeiro: Nova Fronteira, 1999.

FILIPACK, Francisco. **Teoria da metáfora**. 2. ed. Curitiba: HDV, 1983.

FONTANIER, Pierre. **Les figures du discours**. Paris: Flamarion, 1977.

HASKELL, Robert. **Cognition and symbolic structures**: the psychology of metaphoric transformatio. Norwoold: Ablex Publishing Corporatio, 1987.

GONÇALVES, Sebastião Carlos Leite; LIMA-HERNANDEZ, Maria Célia; CASSEB-GALVÃO, Vânia (orgs). **Introdução à gramaticalização** – princípios teóricos & aplicação. São Paulo: Parábola, 2007.

LAKOFF George; JOHNSON, Mark. **Metaphors we live by**. Chicago: University of Chicago Press Ltd, 1980.

LAKOFF, George, **Women, fire, and dangerous things**: what categories reveal about the mind. Chicago: The University of Chicago Press, 1987.

LAKOFF, George Metametaphorical issues – a figure of thought. **Metaphor and Symbolic Activity**. Lawrence Erlbaum Associates, Inc., Hillsdale, v. 1, n. 3, 1986, p. 215-225.

LAKOFF, George; JOHNSON, Mark. *Metáforas da Vida Cotidiana.*(coordenação de tradução Mara Sophia Zanotto). Campinas: Mercado de Letras/São Paulo: Educ, 2002.

LEMOS, Vilma. **Leitura do texto publicitário em evento de leitura**: a ação reflexiva do professor. 2005. Tese (Doutorado) – Pontifícia Universidade Católica de São Paulo, São Paulo, 2005.

MACHADO, José Pedro. **Dicionário etimológico da língua portuguesa**. 2. ed. Lisboa: Editorial Confluência, 1967.

NEVEU, Franck. **Dicionário de ciências da linguagem.** Petrópolis: Vozes, 2008.

ORTONY, Andrew. (org). **Metaphor and thought.** 2. ed. Cambridge: Cambridge University Press, 1993 [1. ed.1979].

PALMA, Dieli Vesaro. As figuras de linguagem do eixo da oposição: recursos de linguagem ou processos cognitivos? In:**A leitura do poético e as figuras de pensamento de oposição:** caminhos e descaminhos de paradigmas na modernidade. 1998.Tese (Doutorado)– Pontifícia Universidade Católica de São Paulo, São Paulo, 1998.

PALMA, Dieli Vesaro; ZANOTTO, Mara Sophia. Retórica e argumentação. In: BASTOS, Neusa Barbosa (org.). **Língua portuguesa** – teoria e método. São Paulo: IP-PUC-SP/Educ, 2002. p. 115-144.

PERELMAN, Chaim; OLBRECHTS-TYTECA, Lucie. **Tratado da argumentação** – a nova retórica. São Paulo: Martins Fontes, 1996.

PESSOA, Fernando. **Obra poética**. Rio de Janeiro: José Aguilar Editora, 1969. p. 212.

PICOCHE, Jacqueline; HONESTE, Marie-Lucie. Les figures éteintes dans le lexique de haute frequence. In: LANDHEER, Ronald (org.). **Langue française 101.**Paris: Larousse, 1994. p. 112-124.

REDDY, M. The Conduit Metaphor – A Case of Frame Conflict. In: ORTONY, A.(ed.). **Metaphor and thought**.Cambridge: Cambridge University Press, 1979.

SILVEIRA BUENO, Francisco da.**Grande dicionário etimológico** – prosódico da língua portuguesa.Santos: Ed. Brasília Ltda, 1974.

STEEN, Gerard. **Understanding metaphor in literature** – an empirical approach. New York: Longman Publishing, 1994.

TAVARES, Hênio. **Teoria literária**. 5. ed. Belo Horizonte: Editora Itatiaia, 1974.

TODOROV, Tzvetan. **Teorias do símbolo**. Lisboa: Edições 70, 1979.

TURNER, Marc. **Death is mother of beauty**. Chicago: University of Chicago Press, 1987.

VICO, Giambattista .**A ciência nova**. Rio de Janeiro: Record, 1999.

ZANOTTO, Mara Sophia. Metáfora, Cognição e Ensino de Leitura. In:D.E.L.T.A. v. II, São Paulo: Educ, 1995, p. 241-154.

ZANOTTO, Mara Sophia. **A leitura como evento social para um enfoque humanístico do ensino de línguas**. Trabalho apresentado no XIX Congresso Mundial da FIPLV. Recife, 2007.

ZANOTTO, Mara Sophia; PALMA, Dieli Vesaro; LIBERALI, Fernanda; QUEIROZ, Nanci M. Stephano de. A metáfora no discurso da educação. In: BASTOS, Neusa Barbosa (org.). **Língua portuguesa** – reflexões lusófonas. São Paulo: Educ, 2006. p. 381-394.

ZANOTTO, Mara Sophia; PALMA, Dieli Vesaro. Opening Pandora's Box – Multiple readingof 'a metaphor'. In: ZANOTTO, Mara Sophia; CAMERON, Lynne; CAVALCANTI Marilda C. (ed.)**Confronting metaphor in use** – an applied linguistic approach. Amsterdam: John Benjamins Publishing Company, 2008. p. 11-43.

ANEXO

SOU UM guardador de rebanhos.

O rebanho é os meus pensamentos.

E os meus pensamentos são todos sensações.

Penso com os olhos e com os ouvidos.

E com as mãos e os pés.

E com o nariz e a boca.

Pensar uma flor é vê-la e cheirá-la.

E comer um fruto é saber-lhe o sentido.

Por isso quando num dia de calor

Me sinto triste de gozá-lo tanto.

E me deito ao comprido na erva,

E fecho os olhos quentes,

Sinto todo o meu corpo deitado na realidade.

Sei a verdade e sou feliz.

PESSOA, Fernando. **Obra poética**. Rio de Janeiro: José Aguilar Editora, 1969. p. 212.

8

Interdisciplinaridade e o ensino de Língua Portuguesa

A abordagem que fizemos para o ensino de Língua Portuguesa nos capítulos anteriores, para ser implementada na sala de aula, requer uma atitude inter ou transdisciplinar. O trabalho com a oralidade, escrita, leitura, léxico e gramática, na perspectiva dos gêneros textuais e do uso da língua, a fim de contribuir para o desenvolvimento da competência comunicativa dos alunos, só pode ocorrer em um espaço em que se possa atravessar as fronteiras da disciplina ou trazer as outras áreas do conhecimento para o interior da Língua Portuguesa.

A interdisciplinaridade vem sendo discutida no ensino, e no Brasil, desde meados da década de 1970 (FAZENDA, 1994). Porém, na Europa, principalmente na Itália e na França, esse debate remonta à década de 1960, momento em que o mundo estava se organizando para propor uma série de rompimentos com alguns costumes tradicionais, entre eles o das ciências e do ensino. De acordo com a autora citada, ela:

> *Aparece, inicialmente, como tentativa de elucidação e de classificação temática de algumas propostas educacionais que começavam a aparecer na época, evidenciando-se através do compromisso de alguns professores em certas universidades, que buscavam, a duras penas, o rompimento a uma educação por migalhas (FAZENDA, 1994, p. 18).*

Nota: Uma rápida análise dos currículos das escolas brasileiras pode revelar a existência de um número enorme de disciplinas que os alunos devem cursar para se formarem tanto no ensino fundamental com no ensino médio. O fato de existirem várias disciplinas não é em si o maior problema, mas o fato de querer que o aluno seja um especialista eficiente em cada uma delas.

Portanto, apesar da discussão da pesquisa científica, a interdisciplinaridade surge também no bojo de um momento de repensar o ensino. Nesse sentido, como reconstruir uma escola caleada no ensino das especialidades e enraizada em um paradigma racionalista, organizado por força de uma proliferação de áreas científicas que tentam manter o domínio de seu espaço, tendo por pretensão formar alunos como se fossem especialistas em diversas áreas do conhecimento.

A discussão não foi e não é simples. Atualmente, não temos mais, a ingênua ideia de que poderíamos romper as fronteiras das disciplinas na escola apenas pelo processo de implosão, tanto que ainda hoje temos uma estrutura calcada em diversas disciplinas, no ciclo II. Não defendemos, em nenhum momento, o seu fim, mas como, diante das discussões acumuladas sobre processos interdisciplinares, podemos propor a sua existência de fato na escola e, no nosso caso, no ensino de Língua Portuguesa?

Muito já se falou, muito já se trabalhou, porém se pudéssemos aprofundar um estudo sobre o desenvolvimento do sujeito na escola por um aprendizado interdisciplinar, talvez veríamos que a atitude ainda está muito individualizada, ou seja, alguns professores se comprometem com essa abordagem, no entanto, em termos de sistema educacional, teríamos, quando muito, uma justaposição de disciplinas. Tal justaposição nos faz perceber alguns equívocos das ideias que circulam nas escolas acerca de um trabalho pseudo-interdisciplinar:

a) O foco no ensino.

b) A própria justaposição no lugar da interdisciplinaridade.

Capítulo 8 Interdisciplinaridade e o ensino de Língua Portuguesa **183**

c) O trabalho do professor em projetos interdisciplinares sem ser um sujeito interdisciplinar no seu dia a dia.

O primeiro equívoco centra-se no pressuposto de que a interdisciplinaridade é um caráter central do ensino. Isso diz respeito à eterna discussão entre o que é o ensino e o que é a aprendizagem. São dois lados opostos? É a mesma coisa? São complementares? Defendemos a última postura, de que são complementares, porém, em um processo em que primeiro se determina como se aprende para depois propor como se ensinar. Desenvolver um aluno que não fragmente o seu olhar para o mundo, ou seja, que possa ter uma percepção holística dos fenômenos requer entender que ele precisa passar por um ensino que também não fragmente e que possa propor tal metodologia holística. Não que o professor tenha de saber de tudo, mas que possa trazer, no seu trabalho, uma perspectiva mais ampla que vá além da sua área.

> **Holístico:** segundo Houaiss (2011), esta é uma palavra relativa a holismo, ou seja, uma abordagem, no campo das ciências humanas e naturais, que prioriza o entendimento integral dos fenômenos em oposição ao procedimento analítico em que seus componentes são tomados isoladamente.

A aprendizagem é um processo em que se constroem conceitos e atitudes. Tais conceitos e atitudes é que formam o indivíduo, como ele se revela no mundo e atua sobre o mundo. Se ele se revela fragmentado, o indivíduo se percebe fragmentado e a ação é fragmentada. Se ele se revela não fragmentado, o indivíduo se percebe mais completo e a ação é mais eficiente. Por fim, é a esse indivíduo e à forma como aprende que o ensino deve atender.

No entanto, esse foco no ensino, pensando na aprendizagem como consequência e não como pressuposto, permite apenas uma justaposição de disciplinas. É por isso que muitas escolas propõem projetos que venham juntar as disciplinas para trabalhar grandes temas como a *ecologia*, a *copa do mundo*, *a violência* entre outros. Ao propor esses grandes temas, cada disciplina fica responsável por fazer uma parte do trabalho, usando as especificidades da sua área. Comumente vemos Matemática discutindo gráficos que possam organizar esses grandes temas, Arte produzindo cartazes, Ciências trabalhando a questão da saúde, Língua Portuguesa analisando textos dentro da temática, e assim por diante. No entanto, quando pensamos do lado de quem aprende, as coisas continuam do mesmo jeito, pois é como se o aluno continuasse passando por uma linha de produção. Ele passa em cada uma das disciplinas, pega um pouco de conteúdo trabalhado acerca do tema geral e, ao final, ele tem de juntar em sua cabeça o que lhe foi oferecido de modo fragmentado. Muito provavelmente ele não conseguirá fazer isso.

> **ATENÇÃO**
>
> *a pedagogia por projetos pode construir um trabalho integrado que pode ser, sim, interdisciplinar e muito importante para a aprendizagem dos alunos e para a ação do professor. No entanto, a prática que toma de forma equivocada o trabalho com projetos, passa a entender que é algo que está além do dia a dia escolar, ou seja, interrompe-se a aula para desenvolver-se o projeto e, depois de desenvolvido, volta-se para a aula normal. Essa concepção não contribui para o desenvolvimento interdisciplinar do aluno. É interessante pensar em desenvolvimentos de projetos para questões que surjam no interior do espaço escolar, integrados ao seu dia a dia.*

A abordagem interdisciplinar só é possível quando o indivíduo tem uma postura interdisciplinar. Ele se percebe interdisciplinarmente, olha o mundo dessa forma e age dessa forma. Por isso, de nada adianta o professor se agregar a um projeto interdisciplinar, mas não ser um sujeito interdisciplinar. Isso se constitui como um terceiro equívoco, pois, no seu dia a dia, nas suas aulas cotidianas, fora dos projetos maiores, ele passa a se preocupar apenas com os conteúdos específicos da sua área.

Todo fenômeno existente no mundo é, por essência, complexo. Essa complexidade precisa estar presente nos recortes que fazemos para levar para sala de aula. Recortar não significa reduzir. Logo, ao trazer uma temática da nossa área, podemos afrouxar os limites, as fronteiras da disciplina para poder apreender essas temáticas em sua complexidade. Claro que não querendo dar conta de toda a sua complexidade, mas podemos dar espaço para que ela exista.

Para Morin (1999, 2000 apud VASCONCELOS, 2004,p. 63), a complexidade é relativa

> *ao que foi tecido junto; de fato, há complexidade quando elementos diferentes são inseparáveis, constitutivos do todo (como o econômico, o político, o sociológico, o psicológico, o afetivo, o mitológico), e há um tecido interdependente, interativo e inter-retroativo entre o objeto do conhecimento e seu contexto, as partes e o todo, as partes entre si. Por isso, a complexidade é a união entre a unidade e a multiplicidade.*

As áreas específicas trabalham com seus temas específicos, é a abordagem que os transforma, a metodologia e a percepção do mundo como interdisciplinar. O professor, como ser inserido no mundo, deve desenvolver um olhar mais holístico e menos fragmentado ao propor o caminho para se chegar ao desenvolvimento do seu tema.

Ainda, para não causar equívocos, lembramos que não se trata de formar nem um superprofessor nem uma superdisciplina que dê conta de tudo. Isso, na verdade, já foi tentado e Vasconcelos (2004) nos lembra dos equívocos dessa tentativa, que tem mais relação com uma homogeneização do pensamento do que com uma visão holística do mundo. Exemplos dessa homogeneização:

- A teologia cristã medieval e seu projeto antirreformista, sua explicação global dos fenômenos naturais e humanos e a perseguição pela inquisição dos cientistas e intelectuais que divergiam de suas ideias a partir da Renascença.

- O racionalismo dualista cartesiano, que separa o sujeito pensante e o objeto (natureza/corpo) como dois tipos de fenômenos ontologicamente distintos, constituindo campos epistemológicos intransitivos (...) A primazia antropocêntrica e otimista da racionalidade humana sobre a natureza/corpo contribuiu, sem dúvida alguma, para, entre outras coisas, o vertiginoso processo de destruição ambiental dos séculos XIX e XX.

- A psiquiatrização da sociedade através da obra de Morel no século XIX e do movimento de higienização mental nas primeiras décadas do século XX, bem como de sua associação com o movimento e ideias eugênicas, que levaram ao genocídio em massa e/ou a medidas abertamente racistas não só na Alemanha nazista, mas também nos Estados Unidos e em vários países de tradição liberal (2004, p. 41).

Além desses exemplos, o autor cita outros como a ortodoxia comunista e stalinista, a medicalização da sociedade etc. Esses exemplos valem para reforçar que não estamos propondo esse pensamento único, mas uma abordagem, como vimos aqui, da complexidade e das diferenças constitutivas do fenômeno e dos seres humanos.

8.1 DEFININDO AS ABORDAGENS

Em um primeiro momento, a construção de metodologias pluri, inter ou transdisciplinares são propostas para a pesquisa científica, somente depois é que elas são processadas pela Educação ao serem problematizadas pelos teóricos que discutem a aprendizagem, para chegar ao ensino. Por isso, é interessante definir o que diz cada uma dessas tendências.

Para Nicolescu (1999), essas diversas perspectivas podem se completar rumo a um movimento transdisciplinar, pois todas têm em comum uma visão que vai além do que é disciplinar e isso se configura como uma grande contribuição para a percepção do indivíduo. Para o autor:

A pluridisciplinaridade diz respeito ao estudo de um objeto de uma mesma e única disciplina por várias disciplinas ao mesmo tempo.

A interdisciplinaridade diz respeito à transferência de métodos de uma disciplina para a outra.

A transdisciplinaridade diz respeito àquilo que está ao mesmo tempo entre as disciplinas, através das diferentes disciplinas e além de qualquer disciplina (1999, p. 52).

Como mencionamos, essas perspectivas se completam e, se aplicadas à aprendizagem, podem trazer uma contribuição ímpar para o ensino e, no nosso caso, ao ensino da Língua Portuguesa. Diante das várias definições, ficamos com a interdisciplinaridade, pois acreditamos que seja adequada à nossa proposta, tendo também como objetivo, chegar a uma transdisciplinaridade.

A Língua Portuguesa oferece um leque amplo de possibilidades para o trabalho interdisciplinar, pois tem como objeto de ensino o texto (em sua dimensão discursiva); logo, pode trabalhar com a apropriação de vários conceitos vindos de outras áreas, assim como temas e metodologias.

8.2 PROPONDO INTERDISCIPLINARIDADES

O alienista
Machado de Assis
(...)
E tinha razão. De todas as vilas e arraiais vizinhos afluíam loucos à Casa Verde. Eram furiosos, eram mansos, eram monomaníacos, era toda a família dos deserdados do espírito. Ao cabo de quatro meses, a Casa Verde era uma povoação. Não bastaram os primeiros cubículos; mandou-se anexar uma galeria de mais trinta e sete. O Padre Lopes confessou que não imaginara a existência de tantos doidos no mundo, e menos ainda o inexplicável de alguns casos. Um, por exemplo, um rapaz bronco e vilão, que todos os dias, depois do almoço, fazia regularmente um discurso acadêmico, ornado de tropos, de antíteses, de apóstrofes, com seus recamos de grego e latim, e suas borlas de Cícero, Apuleio e Tertuliano. O vigário não queria acabar de crer. Quê! um rapaz que ele vira, três meses antes, jogando peteca na rua!
(...)

Fonte: Domínio Público. Disponível em:
<http://www.dominiopublico.gov.br/download/texto/bv000231.pdf>.

a. Atividade: a esfera literária: análise da crônica de Machado de Assis.

b. Objetivo: analisar e construir sentidos para o texto literário focalizando a construção dos personagens.

c. Desenvolvimento:

Apresentação da situação:

Ler com os alunos o conto *O alienista* de Machado de Assis e problematizar a forma como os alunos pensam nos personagens fazendo-os relacionarem com a contemporaneidade, ou seja, é possível que esses personagens existam hoje? Como são? Por quê? Para depois apresentar a proposta.

Módulo 1: vamos tomar como exemplo, um trecho da obra *O alienista* de Machado de Assis. Ao ensinar os gêneros da esfera literária, primeiramente, damos a oportunidade para os alunos vivenciarem a experiência estética, do belo e do sensível. Por isso, um primeiro módulo sobre a esfera literária precisa ser constituído por essa experiência. O professor pode propor aos alunos que falem o que entenderam, quais sentidos construíram, o que acharam relevante etc.

Avaliação: pode ser proposto, nesse momento, que os alunos registrem as suas impressões mais ligadas às reações emotivas, depois da leitura do texto.

Módulo 2: depois do momento da experiência, podemos percorrer caminhos para a análise dos sentidos construídos. Isso implica desenvolver com os alunos uma concepção de que no espaço escolar todos os sentidos são possíveis desde que possamos mostrar os caminhos percorridos para constituí-los. Isso rebate aquela crítica que diz que não devemos interferir nas leituras que os alunos fazem. Devemos interferir sim, metodologicamente, pois é nossa função ensinar; porém, problematizando as leituras por meio das estratégias linguístico-discursivas utilizadas pelo autor que nos possibilitou uma leitura e não outra. Nesse caso específico, podemos problematizar as marcas do tempo que remetem a uma organização textual, mas que têm como ancoragem um tempo passado, em outro século. Podemos também problematizar as descrições dos lugares em que as cenas acontecem, o conflito ou a problemática que faz desenrolar a história. Diante das várias possibilidades de trabalho, vamos ficar aqui com a designação dos personagens e suas características, focalizando a representação do louco. Nesse momento, o professor discute o que é personagem, o que é adjetivo que constrói a imagem desse personagem, o que é estereótipo, o que é descrição, enfim pode-se problematizar uma série de categorias, vindas da linguística.

Avaliação: detectar nas falas dos alunos ou pedindo que escrevam como elesconstroem os personagens, como representam esses personagens no momento em contam o que leram.

Módulo 3: agora, podemos ampliar a leitura dos alunos por meio de uma abordagem interdisciplinar. Utilizamos a categoria dos estudos linguísticos como as formas de designar e caracterizar (em termos gramaticais, podemos falar em substantivos e adjetivos). No trecho selecionado, utilizam-se os termos *furiosos, mansos, monomaníacos, deserdados de espírito, rapaz bronco e vilão*. Essas designações podem ser utilizadas para qualquer indivíduo em qualquer situação, mas o que significava usar essas palavras, no final do século XIX, para designar aquele que era considerado louco? Como se configuravam como metáfora e quais os possíveis sentidos ligados ao conceito de loucura da época? Os estudos psiquiátricos, atualmente, não trabalham com o termo loucura, mas naquela época trabalhavam. Então, quais são os conceitos de hoje em contraposição aos do século XIX que podem nos ajudar a entender o uso dessas palavras? Vamos trazer alguns conceitos das ciências para a nossa abordagem interdisciplinar. Vejamos o que diz um estudo da Psicologia:

A loucura supõe uma ausência de ordem, favorecendo, assim, a proliferação de metáforas como estratégia para atender a necessidade social de explicação para o fenômeno. O conceito de loucura tem passado por muitas mudanças ao longo do tempo. Na Antiguidade, era associada a fenômenos sobrenaturais. Na era cristã, a loucura passou a ser relacionada a aspectos de religiosidade caracterizados, sobretudo, pelos estados de possessão. Durante o Renascimento e na época da Reforma Protestante, persistiu o caráter de religiosidade ligado à loucura, embora mudanças do sistema produtivo que ocorreram nesse período tenham feito que o indivíduo considerado louco fosse percebido de modo diferente, como improdutivo, portanto, indesejável. A nova ordem passou a ser a de excluí-lo do meio social. Esse isolamento subtraía dele uma parcela importante de sua identidade e situava seu discurso em um nível incompreensível.

Fonte: SciELO –Scientific Electronic Library Online – Brazil. Disponível em: <http://www.scielo.br/scielo. php?pid=S1413-294X2004000200010&script=sci_arttext>

Aqui, nós podemos partir de vários conceitos da área da saúde que nos ajudam a olhar o termo loucura. Faz sentido dizer, no texto de Machado de Assis, que os loucos eram aqueles *deserdados de espírito*? Vemos que sim, pelo pequeno texto apresentado aqui. O caráter religioso e o sobrenatural apontam para uma definição de loucura como um problema que vai além do nosso corpo biológico. Parece ser um problema ligado à religiosidade ou à falta dela. Isso nos remete ao que se estuda na época da Inquisição católica em que aqueles considerados habitados pelo demônio eram condenados à loucura, quando, na verdade, hoje, poderiam ser diagnosticados como alguém que apresenta uma ausência de ordem, do ponto de vista social, psicológico ou biológico.

Podemos somar a essa análise, alguns documentos ou textos da área de história que falem sobre a forma como eram tratados os loucos no final do século XIX. Podemos percorrer a história do Juqueri, grande hospital psiquiátrico e um dos últimos manicômios que funcionou até o século passado na cidade de Franco da Rocha. Para isso, é possível percorrer a Internet e encontrar uma série de fotos da instituição e dos internos. A foto é um documento para a história. Por meio da foto, pode se reconstituir um olhar para dada época e aumentar a possibilidade de sentidos para as metáforas usadas para caracterizar o louco.

Avaliação: perceber, por meio das falas dos alunos, em que medida usam os conhecimentos advindos das ciências e da história (assim como de todos os materiais usados) para construírem sentidos para as metáforas, as designações e adjetivações apresentadas no texto de Machado de Assis.

Módulo 4: essa análise feita no módulo anterior ajuda a contribuir para a leitura do texto, para o trabalho com a metáfora e para entender mais sobre a esfera literária. Agora, é bom haver um fechamento para partir para uma produção. Se nessa esfera, o importante é a experiência literária e artística, é interessante se manter, no momento da produção, na mesma esfera. Uma dramatização com foco na construção dos personagens é bastante propício nesse momento. Os alunos poderão propor uma peça ou uma filmagem (já que esse procedimento é bastante fácil com o uso de celulares com câmeras).

Avaliação: como neste módulo temos uma produção concreta, ela pode servir para avaliar o próprio procedimento.

d.Avaliação final: em um trabalho como esse é a percepção e o registro do professor, no desenvolvimento da atividade, que conta como avaliação. A produção final pode evidenciar também como os alunos se apropriaram da discussão sobre os personagens em uma abordagem interdisciplinar. Não é possível mensurar por apenas uma atividade como o sujeito interdisciplinar se revela na ação, por isso o registro e a percepção do professorsão muito importantes.

8.3 PARA FINALIZAR

A proposta deste capítulo foi levantar uma reflexão de fechamento desta obra sobre a necessidade de se trabalhar a partir de uma perspectiva interdisciplinar nas aulas de Língua Portuguesa. Em todos os capítulos, nosso leitor pôde detectar que, para efetivar nossas propostas, é necessário recorrer às outras áreas do conhecimento. É claro que não é somente por conta deste trabalho que surge essa necessidade, mas pela percepção que temos hoje da sociedade. Uma sociedade do conhecimento vista por um paradigma da complexidade. É necessário contemplar essa complexidade com uma ação integradora que entenda os objetos a serem estudados como objetos complexos, que exigem um sujeito complexo, portanto, um sujeito interdisciplinar.

SUGESTÕES DE LEITURA

GUSDORF, Georges. **Professores para quê?** Para uma pedagogia da pedagogia. 3. ed., São Paulo: Martins Fontes, 2003.

KLEIMAN, A.; MORAES, S.E. **Leitura e interdisciplinaridade**. Campinas: Mercado de Letras, 2002.

RAJAGOPALAN, K. **Por uma linguística crítica** – linguagem, identidade e a questão ética. 2. ed. São Paulo: Parábola, 2004.

ZILBERMAN, R.; SILVA, E.T. (org.) **Leitura**. Perspectivas interdisciplinares. São Paulo: Ática, 1991.

Referências bibliográficas

FAZENDA, Ivani C. Arantes. **Interdisciplinaridade**: história, teoria e pesquisa. Campinas: Papirus, 1994.

HOUAISS, Antônio. **Dicionário Houaiss da língua portuguesa**. 1. ed. Rio de Janeiro: Objetiva, 2001.

NICOLESCU, Basarab. **O manifesto da transdisciplinaridade**. 3. ed. São Paulo: Triom, 2008.

VASCONCELOS, E. M. **Complexidade e pesquisa interdisciplinar**. Petrópolis: Vozes, 2002.